EL ARTE DEL TIRO CON ARCO

seguido de

EL SIMBOLISMO DEL TIRO CON ARCO

JOSEPH EPES BROWN

EL ARTE DEL TIRO CON ARCO

seguido de

ANANDA K. COOMARASWAMY

EL SIMBOLISMO DEL TIRO CON ARCO

Traducción
de
Esteve Serra

PADMA

José J. de Olañeta, Editor
Apartado 296 - 07080 Palma de Mallorca (España)

ISBN: 84-9716-440-7
Depósito Legal: B-35.649-2007
Impreso en Limpergraf, S.L. - Barcelona
Printed in Spain

ÍNDICE

EL ARTE
DEL TIRO CON ARCO

"Con sus arcos y sus aljabas majestuosas, sus espadas semejantes [a trenzas resplandecientes,

Llenos de admiración, los observaban con ojos gozosos,

O bien, presas de un súbito pánico, se agachaban para dejar [volar la flecha.

Muchas veces los príncipes, montados en sus rápidos caballos de [batalla, han probado su blanco.

En plena carrera, han dado en el blanco con flechas marcadas [con su nombre regio.

Erguido como una torre, o bien curvado en el suelo, en la hierba [o en su carro,

Con su arco y sus flechas centelleantes Arjuna ha imitado la [guerra.

Los blancos de la gran palestra, poderosamente sólidos o [sorprendentemente pequeños,

Con sus flechas que hasta ahora nunca han fallado, Arjuna los [atravesó todos sin excepción.

El jabalí bardado de hierro ha atravesado la inmensa extensión [del campo,

A sus mandíbulas, el arquero de habilidad maravillosa le disparó [cinco flechas centelleantes;

Un cuerno de vaca, suspendido de un hilo, oscilaba incesantemente [movido por los vientos.

En este blanco móvil clavó veintiuna flechas bien apuntadas."

(Mahabhārata, cap. II, IV)

"En la práctica del tiro con arco hay algo que se parece al principio que guía la vida de un hombre moral. Cuando el arquero no da en el centro del blanco, se vuelve y busca la causa de su fracaso en sí mismo."

(Confucio)

PARA TODOS AQUELLOS QUE, EN ALGUNA ÉPOCA, se sirvieron del arco y la flecha de otro modo que para distraerse, la vida no aparecía tan rígidamente compartimentada como en nuestros días: entonces no había una distinción absoluta entre lo sagrado y lo profano, lo religioso y lo laico, de modo que un "deporte", como cualquier otro arte o actividad, estaba íntimamente ligado a la forma tradicional de su cultura, y era efectivamente una expresión de ésta. Así, lo "físico" y lo "metafísico" se equilibraban perfectamente de tal modo que toda actividad necesaria podía servir de soporte sagrado, de Vía para una vida en el verdadero sentido de la palabra. El tiro con arco es un excelente ejemplo de esta fusión de diversas funciones, pues su simbolismo y su significado son particularmente claros y forman un todo completo, y tenemos la suerte de poder recurrir a muchas fuentes de información, tanto vivas como escritas.

En las civilizaciones tradicionales, el arco era —y lo es todavía en ciertos casos— el arma por excelencia de la casta guerrera: es el símbolo del Rey y de su función regia, de derecho divino, que consiste en el ejercicio del poder temporal. Sus relaciones con la autoridad espiritual se reflejan en la forma misma del arco, cuyos dos "brazos" —como los dos brazos del Rey— expresan la cooperación necesaria del Sacerdocio y la Realeza[1]. O también podríamos decir: del mismo modo que el verdadero Rey es el instrumento mediante el cual la divinidad "ordena" el mundo, también el arco es el agente mediante el cual la flecha cumple su misión. Según los diferentes puntos de vista posibles, esta misión de la flecha divina puede tener múltiples aspectos: matar al enemigo que representa las fuerzas tenebrosas, o

[1] Respecto al rey considerado como representante de la autoridad espiritual, véase A. K. Coomaraswamy, *Spiritual Authority and Temporal Power in the Indian Theory of Government* (New Haven, 1942).

bien puede cumplir su función sagrada en la persecución y muerte rituales de animales salvajes cuyo significado cosmológico es bien conocido[2]. Citemos asimismo las epopeyas de los reyes y héroes cuyas flechas abaten a dragones, en las escrituras hindúes por ejemplo, que se refieren al arco como "el matador-de-dragones de Indra"; y donde haya dragones que matar, siempre queda claro que en absoluto deben ser necesariamente "exteriores" al que los mata, pues el combate puede simbolizar una guerra interior y espiritual.

[2] Los indios de América —especialmente los de las llanuras y los navajos del sudoeste— pintaban en sus flechas una línea roja en zigzag para representar el rayo. Pues, dado que el rayo destruye las tinieblas y transforma en su propia sustancia todo lo que toca, esto simboliza para el indio el poder de la Sabiduría sobre la ignorancia. Así, abatir a un animal con la ayuda de esta "flecha-rayo" es, en cierto sentido, vencer la ignorancia o las "tinieblas". Pero el indio también considera la caza y la persecución de un animal —a menudo sembradas de peligros y de dificultades— como una búsqueda de la Verdad, y al hecho de encontrar el animal como una toma de contacto con el Gran Espíritu. Aunque estas dos perspectivas puedan parecer contradictorias, se verá que son más bien complementarias y que son simplemente aspectos de una sola y única verdad. Para más amplios detalles sobre estos ritos indios, así como sobre otros, véase Alce Negro/Joseph E. Brown *La Pipa Sagrada* (Taurus, 1980). Sobre un ritual de caza de los persas antiguos, véase Arthur Upham Pope, *Persian Art* (Nueva York, The Dryden Press, 1945), pp. 50-51.

El guerrero —o el nómada—, dado que por temperamento se ve casi exclusivamente llevado a la acción, necesita un método o un soporte ligados a la acción para adquirir el dominio de sí mismo y, con ello, su desarrollo espiritual y su perfección última. Este medio de desarrollo se lo proporcionan el arco y la flecha (y también la espada y la lanza[3]) y la enseñanza y la disciplina que acompañan a su utilización.

Es cierto que los significados del tiro con arco varían de una tradición a otra según que se haga hincapié en uno u otro de los numerosos factores o aspectos implicados en el arco y la flecha y su uso; y, asimismo, en cada tradición los significados están jerarquizados en relación con una multiplicidad de niveles intelectuales diferentes. No obstante, si nos fijamos en el significado espiritual más elevado del tiro con arco, podemos constatar, en todas las grandes tradiciones, una unidad de significado muy evidente. De forma simplificada, podemos decir que: el tiro con arco es una lucha del arquero consigo mismo; los obstáculos que hay que atravesar

[3] Se encontrará una excelente descripción del arte de servirse de una espada como disciplina espiritual en Eugen Herrigel, *Zen in the Art of Archery* (Nueva York, Pantheon Books, Inc., 1953), p. 94 y siguientes.

son los defectos y las imperfecciones del tirador; el objetivo que hay que alcanzar es el verdadero Sí Mismo. En esta lucha, el arquero es el arco, su Sí divino es la flecha, y el blanco —con el que la flecha debe unirse— es Dios. En el texto que sigue he subrayado esta interpretación tal como se puede encontrar en las tres grandes tradiciones del Islam, del hinduismo y del Japón.

*
* *

En el mundo islámico, el arco, la flecha y su utilización han estado siempre intensamente ligados a una sanción divina, en cierto modo. Se dice que el primer arco fue dado a Adán por el ángel Gabriel[4]; el arco se describe como el "Poder de Dios", y las flechas como "la cólera y el castigo que Dios inflige a sus enemigos"[5]. Se

[4] Nabih Faris (trad.), Robert Elmer (ed.), *Arab Archery* (Princeton, Princeton University Press, 1945), p. 9. Esta obra es la traducción de un manuscrito árabe (marroquí) de hacia el año 1500. Su título original es: "Un libro sobre la Excelencia del Arco y de la Flecha".

[5] P. E. Klopsteg, *Turkish Archery* (Evanston, Ill., publicado por el autor, 1947), p. 13. Las partes de este libro que tratan sobre el tiro con arco en Turquía están basadas en el tratado de Mustafa Kani, *Telkis Resail ar-Rumat*, escrito en turco antiguo en el siglo XIX y traducido (parcialmente) al alemán por Joachim Hein ("Bogenhandwerk und Bogensport bei den Osmanen", *Der Islam* XIV, XV).

cuenta también que el Profeta Muhammad, que poseyó, y utilizó, tres arcos, declaró en una ocasión que "la mano del hombre no ha tocado ningún arma de guerra a la que el arco y la flecha no sean superiores"[6]. Aquí está implícito que las dos guerras santas —mencionadas a menudo en los *hadīth* o dichos del Profeta— se refieren a la pequeña guerra, o guerra en el exterior contra los infieles, y a la gran guerra, o guerra en el interior contra las imperfecciones del individuo[7].

Algunos textos árabes dan excelentes descripciones de las cofradías de arqueros, de la iniciación que el arquero debe recibir del Maestro (*Shaykh*) de la cofradía, y del entrenamiento muy riguroso por el que debe pasar el discípulo-arquero. En este entrenamiento, el arquero debe estar en estado de purificación ritual antes de coger el arco: debe besar su empuñadura antes de ponerle la cuerda[8] y recitar

[6] Faris y Elmer, *loc. cit*, p. 8.

[7] Cf. Frithjof Schuon, *De l'Unité transcendante des religions* (Gallimard, 1948, 1.ª ed.), p.165, nota.

[8] La empuñadura se considera particularmente sagrada, pues, al juntar el miembro superior y el inferior del arco (el cielo y la tierra), representa la Unión de *Allāh* (Dios) con Muhammad. Cf. Kolpsteg, *loc. cit*, pp. 114-115. Véase también *Babylonian legends of Creation* (Londres, 1931), p. 67, 6ª tablilla, l. 64-65: "Anu gritó y habló en la asamblea, besando a su arco".

determinadas fórmulas en las diferentes fases del tiro: al empulgar la flecha, dice: "En nombre de Dios" (*bismillāh*); al tirar de la flecha, murmura en su corazón el nombre de Dios, *Allāh*, y al disparar, dice: "Dios es muy grande" (*Allāhu Akbar*). Se dice que debe dejar partir la flecha "mientras el corazón se vacía", lo que equivale a una "concentración total en la acción de tirar, al rechazo de cualquier otro pensamiento. Esto es comparable a la concentración exigida al iniciar la oración"[9].

El objeto de estas cofradías u órdenes es ayudar al arquero a ser excelente en su arte, y está claro que la esencia de esta excelencia consiste en hacer perfecta el alma individual. Por esta razón, el arco se identifica con el ser humano e incluso se da a sus diferentes partes un nombre correspondiente a una parte del cuerpo humano[10]. Así la individualidad imperfecta a menudo se equipara a un arco curvado, su verdadero Sí a la flecha recta y el vuelo de esta flecha que sale del arco, a la liberación del Sí, o del Espíritu, de las tinieblas del "yo"[11]. El dis-

[9] Klopsteg, *loc. cit.*, pp. 98-100.

[10] Faris y Elmer, *loc. cit.*, pp. 14-15.

[11] Cf. A. R. Nicholson (trad.), *Mathnawi* de Rumi (Londres, Luzac and Co., 1934), I, 1384-1385.

paro y el vuelo de esta flecha del Espíritu presuponen que el arquero ha destruido en su alma toda imperfección y toda ilusión; el objetivo que han de alcanzar las flechas —ya sea un blanco dado, o también, como entre los turcos en particular, una gran extensión que hay que salvar— no es otro en realidad que Dios. Así, mediante una participación activa en este arte del tiro, el arquero, siempre y cuando entre en esta Vía con un "corazón puro", es capaz de realizar el objetivo único y el fin último de la vida, es decir, el descubrimiento del verdadero Sí:

"No, deja sin cuerda el arco de la mente,
Sé una flecha recta, y no un arco curvado,
Y vuela hacia la Meta con pies emplumados"[12].

*
* *

Las escrituras hindúes y budistas hacen innumerables alusiones al arco y a la flecha, que se representan a menudo en las esculturas y las pinturas sagradas de estos países. Incluso las danzas tradicionales que se pueden ver en nues-

[12] R. A. Nicholson (trad.) *Sana'i Sayru'l-Ibad ila'l-Ma'ad* ("El viaje de las criaturas de Dios al Más Allá"); citado en Nicholson, *A Persian Forerunner to Dante* (edición privada), p. 7.

tros días utilizan con frecuencia el arco como arma caracterizada por su poder divino.

Aunque, como se ha señalado, el arco sea el arma por excelencia del guerrero y de la casta regia (*kshatriya*), los sacerdotes o monjes (*brahmanes*) lo han utilizado ocasionalmente. No obstante, se puede decir de modo general que el uso efectivo del arco permitía al guerrero realizar el estado espiritual del sacerdote, mientras que este último se refería simbólicamente al arco para desarrollar su significado espiritual.

En las escrituras hindúes, como en las del Islam, encontramos la asimilación del arco al cuerpo, de la flecha al Espíritu o a la Deidad inmanente, y del blanco que hay que atravesar a *Brahma* (Dios)[13]. Estas escrituras dicen también que son numerosos los obstáculos que hay que atravesar antes de que se pueda alcanzar la meta, y un pasaje los describe dramáticamente como un centenar de tablas que debe atravesar una flecha disparada por un arquero situado, con los ojos vendados, sobre

[13] Cf. A. K. Coomaraswamy, "The Symbolism of Archery", *Ars Islamica*, X (1943), p. 116 [en este mismo volumen].

[14] *Ibíd.*, pp. 116-117.

una rueda giratoria[14]. Los textos budistas hablan de un arquero divino (*Bodhisattva*) que, con una sola flecha, traspasa cinco tambores de hierro, siete palmeras y una estatua de hierro de un jabalí, y la flecha va a clavarse más lejos en el suelo[15]. En estos ejemplos está implícito que los obstáculos atravesados son los defectos humanos y espirituales como la rapacidad, la cólera, el deseo, la falsa imputación, etc....; y quizá el obstáculo más difícil —pues de él proceden, por decirlo así, todos los demás errores— es la noción errónea de que "yo" soy el que actúa, o de que "yo" soy el que dispara[16]. Mientras esta conciencia del "yo", este egoísmo, no se destruya, la Meta no se puede alcanzar. Hay una fiesta del solsticio de invierno (el rito del *Mahāvrata*) que representa ritualmente de forma muy clara este sacrificio del yo: se disparan flechas a un blanco formado por una piel tendida entre dos postes; esta piel representa las tinieblas, o el ego, y, al hacerla caer por medio de sus flechas, el arquero "se mata" a sí mismo, destruye sus

[15] *Ibíd.*, p. 117, n. 45.
[16] *Ibíd.*, p. 116, n. 44.

defectos y, gracias a esta victoria, alcanza la perfección y la liberación[17].

En el tiro con arco, como en todas las artes practicadas en la India, la disciplina de la concentración desempeña un papel muy importante. Sin concentración no se puede alcanzar el objetivo, lo que el *Mahābharata* ilustra muy bien en este relato de un torneo de arqueros: "...un águila artificial, confeccionada por unos artesanos, fue colocada en la punta de un árbol para servir de blanco. Preguntan a tres discípulos: '¿Qué veis?' y cada uno de ellos responde: 'Te veo a ti, así como al árbol y al águila'. Drona (el Maestro) exclama: 'Marchaos: estos tres nunca serán capaces de dar en el blanco'; y volviéndose hacia Arjuna, dice: 'Te toca a ti dar en el blanco'. Arjuna, de pie, tensa el arco y Drona le dice: "¿Me ves a mí igual que al árbol y al ave?' Arjuna le responde: 'No veo más que al ave'. '¿Y cómo ves a esa ave?' 'Veo su cabeza,

[17] Coomaraswamy, *op. cit.*, p. 113, n. 25. Se encuentra casi exactamente el mismo rito en China: "Wu-yi disparó una flecha contra un odre lleno de sangre al que llamaba el Cielo... La sangre era sin duda la de la individualidad... Un bautismo maravilloso que es el equivalente de un segundo nacimiento", Marcel Granet, *Chinese Civilization* (Londres, Kegan Paul, 1930), pp, 198, 200, 202.

pero no veo su cuerpo'. Drona, encantado, le dice: 'Suelta tu flecha'. Arjuna dispara, corta la cabeza y la hace caer al suelo"[18].

Los arqueros lo saben bien, esta concentración de las facultades mentales tiene su importancia a todos los niveles. Howard Hill, en un libro reciente, dice: "...el tiro es tanto mejor cuanto el que está efectivamente disparando reflexiona menos en el porqué y el cómo del tiro con arco. Para concentrarse en cada una de las operaciones determinadas que trata de llevar a cabo, no es bueno pensar demasiado, siempre y cuando, claro está, el arquero sepa ya lo que hace"[19].

Una vez que uno domina la técnica y que la concentración es perfecta, los obstáculos son atravesados y se alcanza el objetivo. "El objetivo es ese Imperecedero; ¡penétralo!"[20].

*

* *

Es posible que la práctica del tiro con arco, en cuanto disciplina espiritual, ya no se en-

[18] Coomaraswamy, *op. cit.*, p. 13.

[19] Howard Hill, *Hunting the Hard Way* (Chicago, Wilcox and Golllett Co., 1953), p. 76.

[20] *Mundaka Upanisad*, II, 2-4 (trad. de Coomaraswamy, *op. cit.*, p. 115).

cuentre en nuestros días más que en el Japón, donde constituye un método importante del budismo zen y un aspecto esencial del *Bushido*, "la Vía del Guerrero". Dos europeos (W. R. B. Acker y Eugen Herrigel), al menos, han seguido esta "Vía" del tiro con arco bajo la dirección de maestros competentes, y tenemos la suerte de poder consultar sus relatos, así como excelentes traducciones de los escritos del budismo zen.

Una comprensión puramente teórica no tiene aquí absolutamente ningún valor, pues la teoría y el método son inseparables de la realización espiritual efectiva y total. Así, la Vía exige que "el arquero deje de ser consciente de sí mismo, en cuanto él es el que trata de alcanzar el centro del Blanco, que está delante de él"[21]. [Cuando, tal vez después de numerosos años de entrenamiento riguroso —que el arquero debe proseguir sin ninguna interrupción durante toda su vida— esta extinción del "yo" ha llegado a ser perfecta, ya no es el ar-

[21] Eugene Herrigel, *Zen in the Art of Archery* (Nueva York, Pantheon Books Inc., 1953), p. 10 de la introducción de D. T. Suzuki. Si no se especifica otra cosa, las citas relativas al tiro con arco en el Japón están sacadas de este libro.

quero quien dispara, sino "Eso". No se puede explicar este "Eso", que sólo puede "experimentar" el arquero consumado. Todo lo que es posible decir al respecto es que "Eso" es la presencia del Espíritu, y esto se produce cuando "el arco, la flecha, el blanco y el yo se han fundido el uno en el otro". El arquero se convierte a la vez en "el que apunta y el objeto apuntado, el que dispara y lo que es alcanzado". Entonces, como dicen los maestros, "la cuerda del arco ha pasado directamente a través de ti".

El disparo —en todos los niveles intelectuales— es el punto culminante de todas las numerosas etapas implicadas en el tiro, y la perfección de éste se echa a perder, y "Eso" no puede disparar, cada vez que interviene el menor rastro del "yo", de la noción de que "yo" soy el que deja partir la flecha. He aquí el consejo que dan los maestros del tiro con arco: "En el momento propicio de la tensión, el golpe *debe* partir de los dedos del arquero como la nieve que cae de la hoja de un bambú, antes incluso de pensar en ello". "Tiene que ser como si la cuerda del arco cortara el pulgar que la retiene y pasara a través de él. No se debe abrir la mano derecha a propósito"; debe "abrirse como revienta la piel de un fruto maduro". "El arco nunca debería saber cuando la flecha va a partir"[22].

Igual que en la India y el Islam, el arco se hace corresponder con el propio arquero, pues los maestros japoneses hacen ver cómo la forma del arco es cada vez más noble a medida que se le dota de una cuerda, que se tensa, y después, tensado a fondo, cuando, como un círculo perfecto, encierra el "Todo" en sí mismo. De modo similar, el arquero debe ser cada vez más noble y perfecto —como el Universo del que el hombre es imagen—, pues, en el momento en que tensa su arco, incluso su respiración, muy profunda, hace que éste se dilate con él.

La concentración debe ser continua: "La mente debe estar tan calmada como la superficie de un agua estancada"[23]. "Debes expulsar

[22] Citado por C. R. B. Acker, *The Fundamentals of Japanese Archery* (Tokyo, 1937), p. 75. Esta misma actitud es indicada a menudo por los santos del cristianismo cuando dicen que "Dios está presente en la medida de nuestra ausencia"; o bien, como en las Escrituras, donde se dice que la venida del Espíritu es "semejante a un ladrón en la noche".

[23] Acker, *op. cit.*, p. 61.

de tu mente todo pensamiento relativo a los demás y sentir que este trabajo del tiro con arco no concierne más que a ti mismo"[24]. Como soporte para conseguir esta concentración, la mente se fija en el ritmo de la respiración, que es puesta en relación con las diferentes posiciones del tirador, de modo que finalmente "cuanto más se concentra en su respiración, más se desvanecen los estímulos externos en un segundo plano", y para el arquero no hay más que "una sola cosa en el mundo que sea importante y real: es el tiro con arco".

En cuanto al objetivo, éste no se nombra —lo que es característico del budismo zen—, pues nombrarlo equivale a limitarlo, y Dios no tiene límites; pero "llama a este objetivo, si es que puede llamársele de algún modo, el Buddha", y el Buddha no es otra cosa que la Deidad.

El tiro con arco, según los maestros japoneses, es "una lucha, en profundidad y en extensión, del arquero consigo mismo", y, como tal, es "una cuestión de vida o muerte".

[24] *Ibíd.*, p. 1.

EL SIMBOLISMO DEL TIRO CON ARCO

> *"¡Homenaje a vosotros, portadores de flechas,*
> *[y a vosotros, arqueros, homenaje!*
> *¡Homenaje a vosotros, flecheros,*
> *[y a vosotros, constructores de arcos!"*
>
> TS. IV. 5. 3. 2 y 4. 2

EL CONTENIDO SIMBÓLICO DE UN ARTE está estrechamente ligado a su función práctica, pero no se pierde necesariamente cuando, en circunstancias diferentes, ese arte ya no se practica por necesidad sino como juego o deporte; e incluso cuando este deporte se ha secularizado y se ha convertido para el profano en un simple esparcimiento o diversión, todavía es posible, para quien posea el conocimiento necesario del simbolismo tradicional, completar esa participación física en el deporte, o su disfrute como espectáculo, mediante una comprensión de su significado olvidado y así restaurar, para él al menos, el "equilibrio polar entre lo físico y lo metafísico" que es característico de las culturas tradicionales[1].

[1] Este artículo, en su forma original, tenía que aparecer en el número especial de *Études traditionnelles* que se iba a

La situación del tiro con arco en Turquía, mucho después de que la introducción de armas de fuego privara al arco y la flecha de su valor militar, nos proporciona un excelente ejemplo de los valores rituales que todavía pueden ser inherentes a lo que para un observador moderno podría parecer un "simple deporte". En Turquía, en el siglo XV el tiro con arco ya se había convertido en un "deporte" con el patrocinio real, pues los propios sultanes competían con otros en el "campo" (*meidān*). En el siglo XVI, durante las fiestas por la circuncisión de los hijos de Muhammad II, unos arqueros en competición dispararon sus flechas a través de planchas de metal y espejos metálicos, o hacia valiosos premios colocados en lo alto de largos postes: los simbolismos que intervienen aquí son evidentemente el de "penetración" y el de la obtención de bienes solares que no están dentro del alcance directo del arquero; podemos suponer que, como en la India, la "doctrina" implicaba una identificación del propio arquero con la flecha que daba en el blanco.

dedicar al "Deporte" en el año 1941. Desde la ocupación de París no se ha vuelto a saber nada de esta revista.

Maḥmūd II, en el primer cuarto del siglo XIX, fue uno de los mayores patrocinadores de las cofradías de arqueros. Para él y "para reavivar la Tradición (*iḥjā' al-sunna*)" —es decir, en renovada "imitación de la Costumbre de Muhammad", la norma de la conducta humana—, Muṣṭafā Kānī compiló su gran tratado sobre el tiro con arco, el *Telkhīṣ Resāil er-Rūmāt*[2], en el que se resume el contenido de una larga serie de obras más antiguas sobre el tema y se da una detallada explicación de todo el arte de fabricar y de utilizar el arco y la flecha.

Kānī empieza estableciendo la justificación canónica y la transmisión legítima del arte del arquero. Cita cuarenta hadith, o dichos tradicionales de Muhammad, el primero de los cuales se refiere al Corán (VIII, 60): "Prepara contra ellos toda la fuerza que puedas", en el que interpreta que "fuerza" significa "arqueros"; otro hadith atribuye a Muhammad la frase: "Hay tres a quienes Allāh conduce al Paraíso por me-

[2] Impreso por primera vez en Constantinopla en el año 1847 dC. Joachim Hein ha publicado un informe detallado de este libro y del tiro con arco turco ("Bogenhandwerk und Bogensport bei den Osmanen", *Der Islam*, XIV, 1925, y XV, 1926, pp. 1-78); mi explicación se basa en el trabajo de Hein.

dio de una misma y única flecha, a saber, a su fabricante, al arquero y al que la recoge y la devuelve", en el que el comentarista entiende que se hace referencia al uso del arco y la flecha en la Guerra Santa; otros hadīth glorifican el espacio que hay entre los dos blancos diciendo que es un "Paraíso"[3]. Kānī prosigue haciendo "derivar" el arco y la flecha de los que fueron entregados por el ángel Gabriel a Adán, que había rogado a Dios que le ayudara contra los pájaros que devoraban sus cosechas; al acudir en su ayuda, Gabriel dijo a Adán: "Este arco es el poder de Dios; esta cuerda es su majestad; estas flechas son la cólera y el castigo de Dios infligido a sus enemigos". A partir de Adán, la tradición se transmitió a través de la "cadena"

[3] En cualquier dirección el "Camino" que lleva directamente desde el lugar del arquero hasta el blanco (solar) es evidentemente un equivalente, en proyección horizontal, del Axis Mundi: y al caminar por este Camino el arquero siempre está, por tanto, en una posición "central" y "paradisíaca" con respecto al resto del "Campo" en conjunto. Se observará además que en el uso alterno de los dos blancos hay un disparo en dos direcciones opuestas, uno desde la posición original del arquero y otro hacia ésta; el disparo desde una posición situada al lado del segundo blanco implica un regreso de la flecha a su primer lugar, y está claro que los dos movimientos son los de una "ascensión" y un "descenso" y que el "Camino" es una especie de Escala de Jacob.

de Profetas (fue a Abraham a quien se reveló el arco compuesto[4]) hasta Muhammad, cuyo seguidor Sa'd b. Abī Waḳḳāṣ, "El Paladín del Islam" (*fāris al-islām*), fue el primero en disparar contra los enemigos de Allāh bajo la nueva ley y es por consiguiente el "Pir" o santo patrón de la cofradía de arqueros turca, en el que la transmisión iniciática nunca (salvo, quizá, muy recientemente) se ha interrumpido[5].

A la cabeza de la cofradía de arqueros se encuentra el "shaykh del campo" (*sheykh-ül-meidān*). La propia cofradía es una sociedad rigurosamente secreta, a la que sólo se es ad-

[4] "Los arcos compuestos aparecen por primera vez en Mesopotamia durante la dinastía de Accad (*ca.* siglo XXIV aC.)", W. F. Albright y G. E. Mendenthall, "The Creation of the Compound Bow in Canaanite Mythology", *Journal of Near Eastern Studies*, I (1942), 227-229, que citan a H. Bonnet, *Die Waffen der Vöker des alten Orients* (Leipzig, 1926), pp. 135-145.

[5] A. N. Poliak, "The Influence of Chingiz-Khān's Yāsa Upon the General Organization of the Mamlūk State", *Bull. School Oriental Studies*, X (1942), p. 872, nota 5, hace referencia a unos lanceros árabes que formaban una corporación hereditaria y ocultaban "los secretos de su educación profesional" al público profano, y señala que el arte de estos *rammāḥs* "era un arte conservador que afirmaba descender de los guerreros sasánidas y de los primeros guerreros islámicos"; estos datos proceden de una obra citada con el título de *Kitāb fi 'Ilm al-Furūsīya*, ms., Alepo (*Aḥmadīya*).

mitido por calificación e iniciación. La calificación es principalmente una cuestión de entrenamiento bajo un maestro (*usta*), cuya aceptación del alumno, o, mejor dicho, del discípulo, va acompañada de un rito en el que se ruega por el alma del Pīr Sa'd b. Abī Waḳḳāṣ, de los imams arqueros de todas las generaciones y de todos los arqueros creyentes. El maestro entrega un arco al discípulo con las palabras: "Conforme al mandato de Allāh y la Costumbre (*sunna*) de su mensajero elegido..." El discípulo recibe el arco, besa su empuñadura y le pone la cuerda. Este procedimiento obligatorio, previo a cualquier instrucción práctica, es análogo a los ritos mediante los cuales un discípulo es aceptado como tal en cualquier orden de derviches. El entrenamiento es largo y riguroso; el propósito del discípulo es la excelencia, y a este fin debe consagrarse literalmente.

Cuando el discípulo ha pasado por todo el período de instrucción y es competente, viene a continuación la aceptación formal del candidato por parte del shaykh. El candidato debe demostrar que puede dar en el blanco y que puede disparar a una distancia de no menos de novecientos pasos: aporta testigos de su maestría. Cuando el shaykh está satisfecho, el discípulo se arrodilla ante él y coge un arco que está cerca de él, le pone la cuerda y coloca una flecha en ella; después de hacerlo tres veces, vuelve a dejar el arco donde estaba, todo ello con una formalidad extrema y de acuerdo con unas reglas fijas. Entonces el shaykh ordena al maestro de ceremonias que lleve el discípulo a su maestro, de quien recibirá la "empuñadura" (*ḳabẓa*). Se arrodilla ante el maestro y le besa la mano: el maestro le toma la mano derecha como prueba de un pacto mutuo que sigue el modelo del que aparece en el Corán (XLVIII, 10-18) y le susurra el "secreto" al oído. El candidato es ahora miembro de la cofradía de arqueros y un eslabón de la "cadena" que se remonta a Adán. En lo sucesivo, nunca usará el arco si no se encuentra en estado de pureza ritual; antes y después de usar el arco besará siempre su empuñadura[6]. Ahora puede tomar parte libremente en las competiciones formales, y en el caso de que llegue a ser un gran maestro del disparo a larga distancia puede

[6] Cf. "Anu gritó y habló en la asamblea, besando el arco", en *Babylonian Legends of Creation* (Londres, 1931), p. 67, sexta tablilla, IS. 64, 65.

establecer una marca que se señalará con una piedra.

La recepción de la "empuñadura" es el signo exterior de la iniciación del discípulo. Naturalmente, él está acostumbrado al arco desde hace mucho tiempo, pero la "empuñadura" significa más que un simple mango del arco; la propia empuñadura implica el "secreto". La empuñadura propiamente dicha, en el caso del arco compuesto utilizado por los turcos y la mayoría de los orientales, es la parte central del arco, que conecta las otras dos partes, la superior y la inferior. Esta pieza central es la que unifica el arco. Sólo cuando se intenta comprender este hecho aparece el significado metafísico del arco, que Gabriel describió como el "poder" de Dios: la empuñadura es la unión de Allāh con Muhammad. Pero decir esto es formular el "secreto" sólo en su forma más escueta: al discípulo se le comunica una explicación más completa, basada en las enseñanzas de Ibn 'Arabī. Aquí sólo se indica que lo que une a la Deidad de arriba con el Profeta de abajo es el *Ḳuṭb* como Axis Mundi, y que éste es una forma del espíritu (*ar-Rūḥ*).

La literatura india contiene una cantidad casi abrumadora de material en el que los valores simbólicos del tiro con arco se ponen de manifiesto. El RV.* VI. 75. 4, tal como lo entiende Sāyana, dice que cuando las puntas del arco se asocian (es decir, cuando el arco se dobla), dan a luz al hijo (la flecha), como una madre da a luz a un hijo, y que, cuando de común acuerdo se separan (soltando la flecha), golpean al enemigo; y es evidente que la flecha se asimila a Agni, el hijo del Cielo y la Tierra, cuyo nacimiento coincide con la separación de sus padres[7]. En el BD. I. 113, donde todos los instrumentos del sacrificio se consideran propiedad de Agni, los dos extremos del arco se co-

* Véase la lista de abreviaturas al final de este artículo (N. del T.).

[7] Agni Anīkavat, siendo su punta (*anīka*), es la parte esencial de la flecha divina, que no se desvía y con la que los dioses hirieron al dragón en el principio; y por lo tanto virtualmente toda la flecha, puesto que "allí donde va la punta, allí va la flecha" (ŚB. II.3.310, II. 5.3.2, II. 5.4.3.8; AB. 1.25, etc.). Viene a ser lo mismo el hecho de que también es la punta del rayo (*vajra*) con el que el dragón fue golpeado (ŚB. III. 4.4.14); pues de la punta de este rayo como raíz "derivan" las flechas (TS. VI. 1.3.5; SB. I. 2.4.1); y, como *vajra* también significa "diamante", a menudo encontramos que las flechas de un héroe solar son "con punta de diamante". Del concepto del amor (*kāma*) como fuego, y de que Agni tiene "cinco armas arrojadizas", viene la iconografía de Kāmadeva, el dios del amor, como arquero.

rrelacionan de nuevo con el Cielo y la Tierra y otros pares sexualmente contrastados, tales como la mano de mortero y el mortero; y eso nos recuerda no sólo la interpretación islámica citada anteriormente, sino también a Heráclito (Fr. LVI): "La armonía del mundo ordenado es una armonía de tensiones contrarias, como la del arpa o la del arco"[8]. Siendo la flecha el hijo del arco, la identificación de los extremos de éste con los mundos celestial y terrenal aparece claramente indicada en AV. I. 2 y 3, donde el "padre" de la flecha es denominado Parjanya, Mitra, Varuna, etc., y su "madre es la Tierra (*pṛthivī)*"; esto es cierto incluso literalmente en el sentido de que la caña con la que se hace el arco es producida por la tierra fertilizada por las lluvias de lo alto, y proporciona una buena ilustración del principio exegético de que el sentido alegórico está contenido en el literal. En estos dos himnos la cuerda del arco y el arco se utilizan junto con ensalmos para curar la diarrea y la estangurria; la cuerda porque cons-

[8] Cf. Platón, *Banquete*, 187A, y *República*, 439B. El que para que algo sea eficaz se necesita la cooperación de fuerzas opuestas es un principio básico de la filosofía india y de toda la filosofía tradicional. "Sin contrarios no hay progreso" (Blake).

triñe, la flecha porque se suelta: "Que tal como la flecha ha volado, soltada por el arco, así se libere tu orina" (*yatheṣukā parāpatad avasṛṣṭādhi dhanvanah, evā te mūtram mucyatām*); aquí el vuelo de la flecha se relaciona con una liberación física, pero ahora veremos cómo este vuelo, igual que el de las aves, es igualmente una imagen de la liberación del espíritu respecto al cuerpo.

En AV. I. 1, el arquero es el Señor de la Voz (*Vācaspati*) con la mente divina; si recordamos el RV. VI. 75. 3, donde "ella habla de buen grado" y, acercada al oído, "susurra como una mujer", está claro que la cuerda del arco corresponde a la voz (*vāc*) como órgano de expresión, y la flecha al concepto audible expresado. Así, en AV. V. 18. 8, se dice de los brahmanes, los representantes humanos del Señor de la Voz, que tienen flechas afiladas que no se lanzan en vano, siendo la lengua su cuerda de arco y sus palabras terribles las flechas; mientras que en BU. III. 8. 2, las preguntas penetrantes se describen como "flechas que atraviesan al enemigo". Este concepto subyace al uso de *iṣ* ("lanzar"), compárese *iṣu, iṣukā* ("flecha") y nuestro *shoot* ("soltar") vernáculo con el significado de "espetar", "hablar claro"; en AB. II. 5, "impelida por la Mente, la Voz habla" (*manasā vā iṣitā vāg vadati*); la voz actúa, en efecto, pero es la mente la que activa (JUB. I. 33. 4).

Así, una "flecha" puede ser, o bien literalmente un asta con aletas, o bien metafóricamente una "palabra alada": el Skr. *patatrin*, "alado", que significa tanto "ave" como "flecha", cubre ambos valores; pues el vuelo veloz y sin trabas del pensamiento a menudo se compara con el de las aves, y el simbolismo de los pájaros y las alas está estrechamente relacionado con el de las flechas. El lenguaje del tiro con arco se puede aplicar realmente a todos los problemas del pensamiento y la conducta. Así, *sadh*, de donde viene *sādhu* como "hombre santo" y como exclamación de aprobación, es "ir derecho al blanco"; *sādhu* puede calificar tanto al arquero (RV. I. 70. 6) como a la flecha (RV. II. 24, 8), y "el Rey no debe hacer cualquier cosa o todas las cosas, sino solamente lo que es recto" (*sādhu*, ŚB. V. 4. 4. 5); es decir, no puede hablar sin ton ni son ni disparar sin ton ni son. *Ṛju-ga*, "lo que va recto", es una "flecha"; y "del mismo modo que el flechero endereza (*ujum karoti)* el asta, también el hombre sabio rectifica su voluntad" (Dh. 33. cf. 80, 145 y M. II. 105); en el *Mahājanaka Jātaka*, VI. 66, un flechero que trabaja enderezando (*ujum karoti)* una flecha mira a lo largo de ella con un ojo cerrado, y de ahí se saca la moraleja de la visión única.

Puesto que el arco es el arma regia por excelencia y que se hace tanto hincapié en la rectitud del Rey, no estará fuera de lugar señalar que las palabras sánscritas y pali *ṛju* y *uju*, citadas más arriba y que significan "recto", pertenecen a una raíz común que subyace a "recto", "rectificar", "regio" (Lat. *regere* y *rex* y Skr. *rājā*). Desde el punto de vista tradicional, un rey no es un soberano "absoluto", sino el administrador de una ley transcendental, a la que las leyes humanas se ajustan[9]. Más de una vez Śankara pone al flechero profundamente ab-

[9] Véase mi *Spiritual Authority and Temporal Power in the Indian Theory of Government* (New Haven, 1942), nota 14a, y *passim*. La ley, o la justicia (*dharma*), es el principio de la realeza (BU. I.4.14, etc.); y esta "justicia" sólo difiere de la verdad (*satyam*) en el hecho de que es aplicada (Śankara, sobre BU. I.4.15). En otras palabras, el gobierno es un arte, basado en una ciencia inmutable; y, como en el caso de las demás artes, también aquí *ars sine scientia nihil.*

sorto en su tarea como ejemplo de la concentración contemplativa (sobre BU. III. 9. 28. 7 y sobre Bādarāyana, *Śarīraka Mīmāṅsa Sūtra*, VII. 11, p. 800 Bib. Ind. ed.), y como observó san Buenaventura: "*Ecce, quomodo illuminatio artis mechanicae via est ad illuminationem sacrae Scripturae, et nihil est in ea, quod non praedicet veram sapientiam*" (*De red. artium ad theologiam*, 14).

Aparādh, lo opuesto de *sādh*, es "no dar en el blanco", y de ahí "extraviarse", "desviarse", "fallar", "pecar": ambos valores apenas pueden distinguirse en TS. VI. 5. 5. 2, donde Indra, tras disparar una flecha a Vṛtra, piensa "no he dado en el blanco" (*aparādham*); compárese II. 5. 6, donde uno que no da en el blanco (*avavidhyatī*) se vuelve más malo (*pāpiyān*), mientras que el que no falla es como debe ser. La frase es común, también, en Platón, donde, como en la India y en Persia, pertenece a la metáfora de acechar o rastrear (*ιχνεύω*, *mṛg*), cuyo origen debe remitirse a una cultura cazadora, y de la que el giro idiomático sobrevive en nuestra expresión "dar (o no dar) en el blanco" [*hit (or miss) the mark*], *frapper le but*. De *vyadh* ("atravesar") derivan *vedha* y *ved-*

hin ("arquero") y probablemente *vedhas* ("sabio" en el sentido de "penetrante"). Esta última palabra, algunos la hacen derivar de *vid* ("conocer" o "encontrar"), pero hay formas comunes a *vyadh* o *vid*, particularmente el imperativo *viddhi*, que puede significar "conoce" o "penetra" o ambas cosas a la vez; la ambigüedad es manifiesta en JUB. IV. 18. 6, *Muṇḍ Up.* II. 2. 2 (que veremos más adelante) y BG. VII. 6. Las flechas verbales de un brahmán "atraviesan" a sus detractores (AV. V. 18. 15). La comparación de un monje experto con un "tirador infalible" (*akkhaṇa-vedhin*)[10] es muy corriente en la literatura budista pali, a menudo en combinación con otros términos como *durepātin* ("el que dispara a larga distancia"), *Sadda-vedhin* ("el que dispara al oír

[10] Hay que reconocer que las explicaciones que da de *akkahana* el diccionario pali de la Pali Text Society no son satisfactorias. El verdadero equivalente es el Skr. *ākhaṇa* (blanco), como en JUB. I.60.7.8 y CU. I. 2.7.8. Cf. *ākha* en TS. VI. 4.11.3, la nota de Keith, y Pāṇini III, 3.125, *vartt.* 1.

Con *sadda-vedhin* (*śabda-*) cf. *Mbh.* (Poona, 1933), I.123.12-18, donde Ekalavya, el Naisādha, que ha adquirido su habilidad (*laghutva*) en el tiro con arco (*iṣvastra*) haciendo una imagen de barro de Droṇa y practicando ante ella como si fuera su maestro, dispara siete flechas a la boca de un perro al que oye ladrar pero que no ve.

un sonido") y *vālavedhin* ("el que parte un cabello") (A. I. 284, II. 170, IV. 423, 494; M. I. 82, etc.). *Mil.* 418 describe los cuatro "miembros" de un arquero que un verdadero monje debe poseer:

> "Del mismo modo, oh rey, que el arquero, cuando dispara sus flechas, planta sus dos pies firmemente en el suelo, mantiene rectas las rodillas, cuelga su aljaba en la parte estrecha de su cintura, mantiene todo su cuerpo firme, levanta el arco con las dos manos [11], aprieta los puños, sin dejar ninguna abertura entre los dedos, estira el cuello, cierra la boca y el ojo, apunta (*nimittam ujum*

[11] *Dve hatte sandhiṭṭhānam āropeti* (mal interpretado por Rhys Davids) sólo puede significar "montando el arco", es decir, juntando sus dos partes, siendo *sandhi-ṭṭhānam* el empalme y la "empuñadura"; cf. *Jātaka* III.274 y IV. 258 *dhanum adejjham katvana*, lit. "haciendo que el arco no sea doble", *Mhv.* VII.19 *dhanum sandhāya*, y *Mil.* 352 *cāpāropana*, "doblando y montando el arco" (como uno "dobla" un fusil). *Āopeti* es "encajar uno con otro", y también se puede decir del hecho de encordar el arco, como en *Jātaka*, V. 129 *dhanumhi... jiyam āropetvā*; mientras que *sandahati* (*saṁdhā*), "unir", también se puede emplear para la colocación de la flecha en la cuerda, como en *Jātaka*, IV. 258 *usuṁ sandhāya*.

Un glosario de los términos del arquero, en sánscrito y pali, exigiría un artículo aparte, y he mencionado sólo algunos que tienen relación con el significado del tiro con arco.

karoti), y sonríe al pensar 'atravesaré'[12]; así, oh rey, debe el Yogin (monje)... pensando: 'Con el asta de la gnosis atravesaré todo defecto...' Y asimismo, oh rey, tal como un arquero tiene un enderezador de flechas para enderezar las flechas dobladas, torcidas y desiguales... Y asimismo, oh rey, tal como un arquero practica[13] con un blanco... temprano y tarde..."

Al igual que un arquero practica temprano [y tarde,

[12] Cf. *Jātaka*, IV. 258: "Pensando: 'Voy a atravesarle, y cuando esté debilitado, le agarraré'". *Nimittam ujum karoti* también se podría traducir como "toma una decisión correcta".

[13] *Upāsati* (Skr. *upās*) es habitualmente "sentarse cerca", "sentarse bajo", "atender", "honrar", "adorar"; *Mil.* 352 habla de una residencia, *upāsana-sālā* (= *santhāgāra*, S. V. 453), en la que un experto arquero enseña a sus discípulos (*antevāsike*, alumnos residentes, cf. A. IV. 423). En otras palabras, la práctica del tiro con arco es literalmente una "devoción". En *Jātaka,* V, 127ss, Jotipāla es enviado a un Maestro de Takkasilā para aprender todo el arte (*sippam*). Se pagan unos honorarios de "mil". Cuando el muchacho se ha convertido en experto, el maestro le da una espada, y "un arco de cuerno de carnero y una aljaba, ambos hábilmente unidos" (*sandhiyutta-*), y su corselete y su turbante (con lo que reconoce al discípulo como maestro en la debida sucesión).

"Temprano y tarde" puede significar de día y de noche. En *Mbh.* (Poona) I. 123.7, Arjuna decide practicar mediante *abhiyāsa*, cuyo sentido fundamental es "disparar a" (cf. "destinar", "intención", auto*dirección*) y su significado derivado, "ejercicio", "práctica" o "estudio" de cualquier clase.

Y al no descuidar nunca su práctica se gana su
[sueldo,
Así también los Hijos de Buddha ejercitan el
[cuerpo,
Y al no descuidar nunca este ejercicio se
[convierten en adeptos (*arhat*).

El arco es el arma regia por excelencia; la habilidad en el tiro con arco es para el rey lo que el esplendor de la divinidad es para el sacerdote (ŚB. XIII. 1.1.1-2). Es en su calidad de *Kṣatriyas* como Rāma y el Bodhisattva pueden realizar sus hazañas de tiro con arco. Como los propios brazos del rey, los dos "brazos" del arco se asimilan a *Mitrā-varuṇau*, *mixta persona* de sacerdotium y regnum; en el rito de coronación el sacerdote entrega el arco al rey, y llama a aquél "matador de dragones de Indra", pues el rey es el representante terrenal de Indra, a la vez como guerrero y como sacrificador, y tiene dragones propios que vencer; le da también tres flechas, en referencia a los mundos terrestre, aéreo y celestial (ŚB. V. 3.5-27ss, V. 4.3.7).

El arco como símbolo de poder corresponde a la idea del poder de Dios otorgado por Gabriel a Adán para su protección, como hemos mencionado antes a partir de fuentes turcas. Es desde este punto de vista, el del dominio, como podemos entender mejor los ritos, ampliamente difundidos, del disparo de flechas hacia las Cuatro Direcciones; cf. RV. VI. 75. 2: "Con el arco conquistemos las regiones". En el *Kurudharma Jātaka* (II, 372) se nos dice que los reyes, en una festividad tradicional, "se engalanaban con gran magnificencia, y se vestían como Dioses... en presencia del *Yakkha Cittarāja*, disparaban hacia los cuatro puntos cardinales unas flechas pintadas con flores". En Egipto, el disparo de flechas hacia las cuatro direcciones formaba parte del rito de entronización del Faraón[14]. En Chi-

[14] A. Moret, *Du caractère religieux de la royauté pharaonique* (París, 1902), pp. 105-106 (p. 106, nota 3 : « Il semble que cette cérémonie ait pour but de définir le pouvoir qu'a Pharaon-Horus de lancer, comme le soleil, ses rayons dans les quatre parties du monde »). En el relieve de Karnak (E. Lepsius, *Denkmäler* [Leipzig, 1850-59], III, lám. 36b), Thuthmés III se representa disparando de este modo, guiado por Horus y Seth; en el relieve tardío de la vigésima quinta dinastía (E. Prisse d'Avennes, *Monuments égyptiens* [París, 1847], lám. XXXIII; H. Schäfer, *Ägyptischer und heutiger Kunst und Weltgebäude der alten Ägypter* [Berlín, 1928], Abb. 54, e *ídem*, "König Amenophis II als Meister-Schütz", *Or. Literat. Zeitschr.* [1929], col.

na, al nacer un heredero real, el maestro de los arqueros "con un arco de madera de morera y seis flechas de Rubus silvestre, dispara hacia el Cielo, la Tierra y las Cuatro

240-243), la reina dispara a unos panes circulares, que son evidentemente símbolos de las Cuatro Direcciones; la inscripción dice que la reina recibe los arcos del Norte y del Sur y que dispara hacia las Cuatro Direcciones; esto es en el rito *sed*, que posteriormente, en un reinado, repite los ritos de entronización y deificación, renovando manifiestamente el poder regio del rey. Este rito va acompañado por otro, o puede tal vez sustituirlo, en el que se sueltan cuatro pájaros para que vuelen hacia las Cuatro Direcciones; pájaro y flecha son símbolos equivalentes.

No obstante, en ŚB. I. 2.4.15ss y TB. III. 2.9.5ss, donde el sacerdote blande la espada de madera cuatro veces, esto se hace para repeler a los Asuras de los Tres Mundos y de "cualquier Cuarto Mundo que pueda existir o no existir más allá de estos tres". Pero en el rito de coronación húngaro la espada se blande, igual que las flechas se disparan, hacia las Cuatro Direcciones de este mundo.

ŚB V. 1.5.13ss y V. 3.5.29, 30 describen el uso ritual de diecisiete flechas y de tres flechas. Las diecisiete flechas corresponden al "Prajāpati de diecisiete aspectos"; el diecisiete señala el lugar del poste de meta en torno al cual los carros han de girar en la carrera ritual (sabemos por otras fuentes que este poste representa el sol); y es explícito que el disparo de flechas simboliza e implica "el dominio de uno sobre muchos". Las tres flechas, una que penetra, otra que hiere, y otra que falla, corresponden a los Tres Mundos.

Direcciones" (*Li Chi*, X.2.17)[15]; lo mismo se hacía en el Japón[16].

El arquetipo del rito que de este modo implica el dominio es evidentemente solar; el hecho de que el rey dispare cuatro flechas distintas refleja un tiro con arco sobrenatural en el que las Cuatro Direcciones son penetradas y virtualmente dominadas por el disparo de una única flecha. Esta hazaña, deno-

[15] B. Karlgren ("Some Fecundity Symbols in Ancient China", *Bull. Mus. Far Eastern Antiquities*, II, Estocolmo, 1930, p. 51) consideró que esto era un ritual de fecundidad realizado para los niños varones, representados por las flechas. C. G. Seligman ("Bow and Arrow Symbolism", *Eurasia Septentrionalis Antiqua*, IX [1934], 351), criticando a Karlgren, señaló correctamente que el significado fundamental del rito es el de "una suprema afirmación de poder". Sin embargo, ninguno de los dos autores parece darse cuenta de que el significado erótico del disparo (todavía muy familiar) y el del disparo como símbolo de dominio no son en modo alguno significados que se excluyan mutuamente. Así, los rayos del sol, que él despide (cf. Febo Apolo), son al mismo tiempo dominantes y progenitores (cf. TS. VII. 1.1.1, ŚB. VIII. 7.1.16-17, y A. K. Coomaraswamy, "The Sun-Kiss", *Journ. Amer. Oriental Soc.*, LX [1940], p. 50, nota 13, 14). Del mismo modo, el Skr. *sṛj*, "soltar", puede aplicarse tanto al hecho de soltar una flecha como al acto de procreación, y de hecho es así como Prajāpati "proyecta" (*sṛjatī*) a su progenie, considerada como "rayos".

[16] *Heike Monogatari* (siglo XIII); véase A, L. Sadler, "The Heike Monogatari", *Trans. Asiatic Soc. Japan*, XLVI (1918), parte 2, 120.

minada la "Penetración de la Esfera" (*cakka-viddham*, donde *cakka* significa el "círculo del mundo") se describe en el *Sarabhanga Jātaka* (V. 125ss), donde se atribuye al Bodhisattva Jotipāla, el "Guardián de la Luz" y un "tirador infalible" (*akkhaṇa-vedhin*). Jotipāla es el hijo del ministro brahmán del rey, y aunque el arco, como hemos visto, es típicamente el arma del Kṣatriya, es totalmente correcto que lo empuñe un brahmán, representante humano del brahma (*sacerdotium*) *in divinis*, "que es a la vez el sacerdotium y el regnum", ŚB. X. 4.1.9) y, como cualquier avatāra, "a la vez sacerdote y rey". El rey exige a Jotipāla que compita con los arqueros reales, algunos de los cuales son asimismo "tiradores infalibles", capaces de partir un cabello o una flecha que cae. Jotipāla apareció disfrazado, ocultando su arco, cota de malla y turbante bajo un vestido exterior; hizo levantar un pabellón y en el interior de éste se quitó el vestido exterior, se puso las insignias y colocó la cuerda en el arco; y así, completamente armado, y sosteniendo una flecha "con punta de diamante" (*vajragga*, cuyo significado ya hemos indicado), "abrió de golpe la cortina (*sānim̧ vivaritvā*) y apareció (*nikkhamitvā*) como un príncipe de las serpientes (*nāgakumāro*) que saliera de golpe de la tierra. Trazó un círculo [17] en medio del patio real de cuatro esquinas (que aquí representa el mundo) y, disparando desde allí, se defendió contra innumerables flechas que le dispararon los arqueros apostados en las cuatro esquinas [18]; luego se ofreció a herir a todos esos arqueros con una sola flecha, desafío que ellos no se atrevieron a aceptar. Entonces, después de colocar cuatro troncos de banano en las cuatro esquinas del patio, el Bodhisattva "ató un fino hilo escarlata (*ratta-suttakam*) al extremo emplumado de la flecha, apuntó a uno de los

[17] El texto impreso dice *maṇḍapa*, "pabellón", pero el v. l. *maṇḍala* es preferible. El hecho de que el arquero esté dentro de un círculo y dispare desde allí hacia las cuatro esquinas de un campo cuadrado tiene un significado relacionado con el de la cúpula sobre una estructura cuadrada, siendo el cielo y la tierra típicamente "circular" y cuadrada respectivamente; es cierto que la tierra también se puede contemplar como un círculo y que la estructura con cúpula también puede tener una planta cuadrada; sin embargo, la tierra es cuadrada en el sentido de que hay cuatro "Direcciones". La posición del arquero relativa a los cuatro blancos es quintaesencial, y virtualmente "elevada"; el "campo" corresponde a todo lo que hay "bajo el Sol", soberano de todo lo que contempla.

[18] La invulnerabilidad del Bodhisatta corresponde a la del Aliento solar (*praṇa*) de JUB. I. 60.7-8 y CU. I. 2.7-8.

árboles y le dio; la flecha penetró en el tronco y después en el segundo, el tercero y el cuarto sucesivamente y, por último, de nuevo en el primero, que ya había sido atravesado, y así volvió a su mano, mientras los árboles quedaron ceñidos por el hilo"[19].

Esto es, claramente, una exposición de la doctrina del "hilo del espíritu" (*sūtrātman*), según la cual el sol, como punto de unión, conecta estos mundos consigo mismo por medio de las Cuatro Direcciones, con el hilo del espíritu, como joyas ensartadas en un hilo[20]. La

[19] Hay que señalar esta mención de una segunda penetración del primer blanco; sin ella el círculo habría quedado "abierto". No se podría pedir una prueba mejor del contenido metafísico de lo que muchos considerarían simples cuentos. El estudioso serio pronto aprenderá que todos los motivos auténticos de los cuentos populares y de hadas poseen tal contenido; y que sería vano pretender que los pueblos más primitivos carecían de giros idiomáticos adecuados para la expresión de las ideas más abstractas, tanto en las artes verbales como en las visuales. Es *nuestro* lenguaje el que se empobrecería si sus giros se olvidaran.

[20] ŚB. VI. 7.1.17, VIII. 7.3-10 (el Sol es el punto de unión al que las Direcciones están ligadas mediante un hilo pneumático); BU. III. 6.2; BG. VII. 7; *Ilíada*, VIII. 18ss; Platón, *Teeteto*, 153C, D; *Leyes* 644E, "Una Cuerda Dorada"; Dante, *Paradiso*, I, 116, *questi la terra in se stringe*; W. Blake, "Te doy el cabo de un hilo dorado"; etc.

"Se dice que en un lugar de Gilgit hay una cadena de oro que cuelga desde el cielo hasta la tierra. Todas las personas sos-

flecha es el equivalente de la "aguja", y se podría decir que en el caso que acabamos de describir las direcciones son "cosidas" unas con otras y con su centro común; el extremo emplumado, o muesca de la flecha a la que se sujeta el hilo, corresponde al ojo de la aguja[21]. En la práctica corriente una flecha no deja ningún rastro visible de su paso. No obstante, se puede observar que una flecha con un hilo delgado sujeto a ella se puede disparar para cruzar un abismo que de otro modo sería insalvable; mediante este hilo se puede tirar de una cuerda más gruesa, y así sucesivamente hasta que una soga se extiende sobre el abismo; de este modo el simbolismo del tiro con arco se puede combinar con el del "puente". El principio es el mismo en el caso del aparato salvavidas

pechosas de haber hecho algo malo o de falsedad eran llevadas al lugar y se les obligaba a asir la cadena [como en Platón, *Leyes*, 644E] mientras juraban que eran inocentes o que lo que decían era cierto. Esto sugiere la referencia homérica (*Ilíada*, VIII. 18 *et seq.*) y la Catena Aurea Homeri, que se transmitió desde los neoplatónicos hasta los alquimistas de la Edad Media" (W. Crooke, *Folklore*, XXV [1914], 397).

[21] "Este es el hilo que está conectado con la aguja: el ojo de la aguja no es apropiado para el camello", esto es, el-alma-y-el-cuerpo (Rūmī, ed. de R. L. Nicholson, *Mathnawī*, I. 3065; cf. I. 849, cuerdas de causación; II. 1276, cuerda y pozo).

moderno, en el que se dispara una cuerda, en este caso con un fusil, desde la orilla hasta un barco que se hunde, y mediante esta cuerda se puede tirar de otra cuerda "salvavidas" más gruesa hasta el barco.

Los chinos, por otra parte, utilizaban realmente para cazar aves una flecha con un hilo sujeto a ella, como se puede ver claramente en un bronce con incrustaciones de la dinastía Chou, actualmente en la Walters Art Gallery de Baltimore. También los esquimales hacían uso de flechas con puntas desmontables y una cuerda atada para cazar nutrias marinas[22]. Lo mismo ocurre en el caso de una red que se arroja con una cuerda atada, y en el caso del lazo; y asimismo en la pesca, donde la caña corresponde al arco y el anzuelo provisto de un ojo a la flecha de una aguja. En todos estos casos el cazador, análogo a la deidad, ata a la presa a sí mismo mediante un hilo, del que tira hacia sí. En este sentido Shams-i-Tabriz: "Me dio la punta de un hilo —un hilo lleno de mala intención

[22] O. T. Mason, "North American Bows, Arrows and Quivers", *Smithson. Rep. 1893* (Washington, 1894), pp. 631-679. Estoy en deuda con el Dr. Carleton S. Coon del University Museum, Pennsylvania, por esta referencia.

y astucia— 'Tira', dijo, 'para que yo pueda tirar; y no lo rompas cuando tires'"[23].

Un famoso pasaje del *Mahābhārata* (I. 123. 46ss en la nueva edición de Poona) describe la prueba de tiro con arco de los discípulos de Droṇa. Los artesanos han confeccionado un águila artificial (*bhāsa*) y la han colocado en la punta de un árbol como diana. A tres discípulos se les pregunta: "¿Qué veis?", y cada uno de ellos responde: "Te veo a ti, al árbol y al águila". Droṇa exclama: "Marchaos; estos tres nunca podrán dar en el blanco"; y volviéndose hacia Arjuna dice: "Te toca a ti dar en el blanco". Arjuna tensa el arco (*vitatya kārmukam*) y Droṇa prosigue: "¿Tú también me ves a mí, al árbol y al ave?" Arjuna responde: "Sólo veo al ave". "¿Y cómo la ves?". "Veo su cabeza, pero no su cuer-

[23] En R. A. Nicholson, *Dīwān of Shams-i-Tabrīz* (Cambridge, 1898), Oda 28. "Aguanta tu extremo del hilo, para que él pueda aguantar el suyo" (Hafiz, I. 386.2); "Como un pez en el mar contémplame nadar, Hasta que él con su anzuelo me rescate" (Hafiz, I. 386.2) (W. Leaf, *Versions from Hafiz* [Londres, 1898], XII. 2). Un estudio completo de los símbolos islámicos del espíritu exigiría un artículo aparte. También se pueden citar paralelos de Extremo Oriente, p. ej. el relato de "El hilo de la araña", en *Tales Grotesque and Curious*, por R. Akutagawa, trad. por G. Shaw (Tokyo, s.f.), el hilo se rompe por el egoísmo del escalador.

po". Droṇa, encantado, dice: "Suelta la flecha" (*muñcasva*). Arjuna dispara, corta la cabeza y la baja. Entonces Droṇa le da el arma irresistible, la "cabeza de Brahma", que no se puede usar contra ningún enemigo humano; y no puede caber duda de que esto significa la comunicación de un *mantram* iniciatorio y el "secreto" del tiro con arco[24]. La "moraleja" evidente se refiere a la concentración de la mente.

En competición pública[25], Arjuna realiza diversas hazañas mágicas utilizando las armas apropiadas para crear y destruir toda clase de apariciones, y después, desde un carro en movimiento, dispara cinco flechas a la boca de un jabalí de hierro en movimiento, y veintiuna a la abertura de un cuerno de vaca suspendido y

[24] En *Mbh.* I. 121.21.22 se nos dice que el propio Droṇa había recibido de (*Paraśu-*) Rāma sus "armas, junto con los secretos de su uso" (*astrāṇi... saprayogarahasyāni*) y el "Libro del Arco" (*dhanurvedam*).

Un *Dhanurveda*, que trata de todo el arte de la guerra y de las armas "auch über geheime Waffen, Zaubersprüche, Königsweihe und Omina", se atribuye al *Ṛṣi Viśvāmitra*; y quedan otros Dhanurvedas en manuscrito (M. Winternitz, *Geschichte der indischen Literatur*, Leipzig, 1920, III, 532).

M. Williams, *Sanskrit Dictionary*, cira la palabra *kārmukopaniṣaṭ* ("secreto del arte de disparar") del *Bālarāmayaṇa*.

[25] *Mbh.* I.125.

que oscila en el aire[26]. En la gran competición por la mano de Draupadi[27], su padre ha hecho un arco muy resistente que nadie salvo Arjuna podrá doblar, y también ha hecho "un dispositivo artificial suspendido en el aire y junto con él un blanco dorado" (*yantrāṁ vaihāyasam... kṛtimaiṁ, yantreṇa sahitam... laksyaṁ kāñcanam*), y anuncia que "el que ponga la cuerda a este arco y con él y estas flechas atraviese el blanco (*atītya lakṣyam yo veddhā*) tendrá a mi hija". Cuando los príncipes competidores se reúnen, el hermano de Draupadi se dirige a la concurrencia:

[26] En el rito Mahāvrata (una festividad del solsticio de invierno), un rey, un príncipe, o el mejor arquero de que se disponga, dispara tres flechas a un blanco circular de piel suspendido entre dos postes; el arquero está de pie en un carro en movimiento que se hace circular alrededor del altar; las flechas no deben atravesar el blanco, sino quedar clavadas en él. Esto se hace para "derribar" (*avabhid*) el mal (*pāpman*) del sacrificador, como el blanco es "derribado" por las flechas (TS. VII. 5-10). Una piel es con frecuencia el símbolo de la oscuridad (para RV, véase H. G. Grassmann, *Wörterbuch zum Rig-Veda* [Leipzig, 1873], s. v. tvac, sentido 9), y la oscuridad, la muerte y el pecado o el mal (*pāpman*) son lo mismo (*Brāhmaṇas, passim*). Así, pues, el rito se realiza para liberar al sol de la oscuridad, y por analogía al sacrificador de su propia oscuridad.

[27] *Mbh.* I. 176-179.

"Escuchadme, hijos de la Tierra: este es el arco, este es el blanco y estas son las flechas; dad en el blanco con estas cinco flechas, haciéndolas pasar a través de la abertura del dispositivo (*yantrachidreṇābhyatikram-ya lakṣyam samarpayadhvaṁ khagamair daśārdhailḥ*)[28].

[28] En S. V. 453, Buddha encuentra a unos jóvenes de Licchavi que se ejercitan en un gimnasio (*santhāgāre upāsanaṁ karonte*) y disparan "desde lejos a través de un 'ojo de cerradura' muy pequeño" (*durato va sukhumena tāḷa-chiggalena*) y parten una flecha, disparo tras disparo, sin fallar (*asanam atipatente poṅkhānupoṅkham avirādhitam*). *Tāḷa-chiggala* (= *tāḷa-chidda*) es aquí evidentemente, no un verdadero ojo de cerradura, sino el equivalente del yantra-chidra de *Mbh.*, un orificio que en la jerga de los arqueros podría muy bien haberse llamado un "ojo de cerradura", al igual que nos referimos a una puerta estrecha diciendo que es un "ojo de aguja"; en este sentido, se podría haber traducido *yantra-chidra* en *Mbh.* por "ojo de cerradura". Este término es, por otra parte, de lo más apropiado por cuanto la puerta solar, atravesando la cual uno se libera completamente (*atimucyate*), es un "agujero en el cielo" (*divaś chidra*, JUB. I. 3.5; *childra ivāditya dṛśyate*, AĀ. III. 2.4), mientras que la flecha identificada con el Atman o com Oṁ (*Muṇḍ. Up.* II. 2.4, VI. 24) se podría muy bien haber considerado como la "llave" de paso. En relación con esto, podemos señalar que en el arte tradicional los ojos de las cerraduras suelen ornamentarse con el emblema del ave solar (a menudo el bicéfalo Garuḍa o Haṁsa), a través del cual debe pasarse la llave antes de poder tener acceso a lo que pueda haber dentro. A esta ave solar corresponde el "dispositivo suspendido" de *Mbh.*

Aquel que, siendo de buena familia, fuerte y apuesto, realice esta difícil hazaña, tendrá hoy como esposa a mi hermana, no miento".

Esto sólo puede hacerlo Arjuna; sus flechas penetran en el blanco mismo, con tal fuerza que se clavan en el suelo detrás de éste.

El propio lenguaje de todos estos textos expresa su importancia simbólica. La hazaña misma es esencialmente de Indra, de quien Arjuna es un descenso, mientras que Draupadī, el premio, es explícitamente Śri (Fortuna, Tyche, Basileia). Con apenas ningún cambio en las

En S. (*loc. cit*) Buddha pregunta a los arqueros "¿qué es más difícil: disparar así, o atravesar un cabello, dividido cien veces, con otro cabello?". La respuesta es obvia. Y prosigue: "Esto es exactamente lo que hacen los que penetran el verdadero sentido de las palabras. Esto es dolor" (*atha ko... paṭivijjhanti ye* IDAṀ DUKKHAṀ *ti yathābhūtam paṭivijjhanti*).

Con *atipātente*, cf. M. I. 8.2 *tiriyaṁ tālacchāvam atipāteya*, "atraviesa una palmera umbrosa"; pero en JV. 130.1.1, *pātesi* es "derriba". La palabra más usual para "atravesar" es *vijjhati*, como en la expresión *Vāla-vedhi*, "partir un cabello". Cabe señalar aquí que en JV. 130 *koṭṭhakam parikhipanto viya* ha sido mal interpretado por el traductor (H. T. Francis); el Bodhisattva derriba (*pātesi*) las 120.000 flechas de sus oponentes y "arroja alrededor de *sí mismo* una especie de casa" cuyas paredes son las flechas caídas, cuidadosamente apiladas; es desde dentro de este "recinto de flechas" (*sara-gabbha*) desde donde después se eleva en el aire "sin dañar la 'casa'".

palabras, la narración se podría referir a la obtención de una victoria más eminente que se puede obtener sólo con unas armas concretas. Esto se verá más claramente en la cita de la *Muṇḍaka Upaniṣad* que damos más adelante. Mientras tanto podemos señalar que *muñcasva* ("suelta") viene de *muc* ("liberar"), la raíz de *mokṣa* y *mukti* ("liberación espiritual", el último "objetivo" del hombre). *Kārmuka* ("arco") es literalmente "hecho de madera de *kṛmuka*", un árbol que ŚB. VI.6.2.11 hace derivar de "la punta de la llama de Agni que arraigó en la tierra"; así, el arco, como la punta de la flecha[29], participa de la naturaleza del fuego. El sentido principal de yantra es "barrera"; el yantra suspendido y perforado a través del cual han de dispararse las flechas difícilmente se puede considerar de otra forma que como un símbolo solar, esto es, una representación de la puerta del Sol, a través de la que pasa el camino que conduce a Brahma: "De ese modo los hombres alcanzan el lugar más elevado"[30]. El hecho de que el blanco, cualquiera que pueda

[29] Véase nota 7.

[30] MU. VI. 30. El "camino" es aquel de los "rayos" del sol que atraviesa su disco, *ūrdhvam ekaḥsthitas teṣām yo bhitvā sūrya-maṇḍalam brahmalokam atikramya* en MU. como

haber sido su forma, sea "dorado" refleja los significados habituales de "oro", a saber, la luz y la inmortalidad; y el que se deba alcanzar a través de un disco perforado, que es lo que creo que era el "dispositivo", corresponde a expresiones como "más allá del cielo" (*utteraṁ divaḥ*[31]) o "más allá del sol" (*pareṇa ādityam*[32]), que se refieren a "la mitad más lejana del cielo" (*divi parārdha*[33]), el *υπερουράνιος τόπος* de Platón, del que nunca se ha dado ninguna noticia verdadera[34] y que no tiene nombre[35], igual que los que llegan a él. Kha-ga, "flecha", es también "pájaro", y literalmente "el que viaja a través del espacio vacío"; pero kha es también "vacío"[36], y como tal es un símbolo de

yantrachidreṇābhya-tikramya en *Mbh.*, antes citado; cf. Hermes Trismegisto, *Lib.* XVI. 16, *άκτίs επιλάμει* διά τού ἢλιου. Para una explicación más detallada de la puerta solar, su forma y su significado, véase mi artículo "Svayamātṛṇṇā: Janua Coeli", *Zalmoxis*, II (1939), 3-51. [*Selected Papers* I (Princeton University Press, 1972), pp. 465-520].

31 AV. X. 7.3.

32 JUB. 1.6.4.

33 RV. I. 164.12; SB. XI. 2.3.3, etc.

34 *Fedro*, 247C.

35 *Nyāsa Up.* 2.

36 Cf. mi artículo "*Kha* and Other Words Denoting Zero...", *Bull. School of Oriental Studies*, VII (1934), pp. 487-497. [*Selected Papers*, II, pp. 220-230].

Brahma — "Brahma es el Vacío, el Antiguo Vacío del pneuma... por el cual conozco lo que hay que conocer" (*kham brahma, kham purāṇaṃ vāyuram... vedainena veditavyam*[37]).

De hecho, es en la noción de la penetración de un blanco distante e incluso invisible como el simbolismo del tiro con arco culmina en la *Muṇḍaka Upaniṣad* (II. 2.1-4). En los dos primeros versículos Brahma se describe como la unidad de los contrarios, *summum bonum*, verdad inmortal: "Eso es lo que se debe penetrar, penétralo, querido" (*tad veddhavyaṁ, somya viddhi*). Los versículos tercero y cuarto prosiguen:

Tomando como arco el arma poderosa (O*ṁ*) [de la Upaniṣad,
Pon en él una flecha afilada por las devociones [(*upāsana-niśitam*)[38]

[37] BU. V.1

[38] En RV. VI. 75.15 las flechas son "afiladas mediante conjuros" (brahmasaṁśita), igual que en ŚB. I. 2.4 la espada ritual de madera es afilada por el cortante Vendaval y se considera que participa de su naturaleza. En la nota 13 hemos señalado el significado de "ejercicio" de *upāsana*; en el presente contexto el "ejercicio" es contemplativo, como en BU. I. 4.7 *ātmety evopasīta*, "Adórale como Espíritu", o "tu Sí".

Ténsalo con una mente de la misma naturaleza
[que Eso (*tadbhāva-gatena cetasā*):
El blanco (*lakṣyam*) es Ese Imperecedero;
[¡penétralo (*viddhi*)[39], querido!

[39] *Viddhi*, como hemos indicado más arriba, es el imperativo común de *vyadh* o *vidh*, atravesar o penetrar, y *vid*, conocer o encontrar. Cf. BG. VII. 7, *prakṛtiṁ viddhi me parām*, "penetrar (o conocer) mi naturaleza superior", es decir, la "naturaleza de eso" del versículo de la Muṇḍaka. Del mismo modo JUB. IV. 18.6 (*Kena Up.*), "*tad eva brahma tvaṁ viddhi ne'dam yad idam upāsate*", "Conocer (o penetrar) sólo a Brahma, no lo que los hombres adoran aquí". La ambivalencia se repite en pali; así, en Udāna 9, *attanā verdi* es traducido por Woodward como "de su propio sí ha penetrado (la verdad)" ["en" o "con el espíritu" sería igualmente legítimo], y el comentario dice: *sayam eva aññāti, paṭividdha*, "conoce o penetra". En S. I. 4, *paṭividhitā* (v.1. *–vidhitā*) se interpreta como *ñanema paṭividdha*, "los que por la gnosis han penetrado", y esto difícilmente se puede calificar, con la Sra. Rhys Davids, de "juego de palabras exegético", pues no decimos que el doble sentido de nuestra palabra "penetrante" sea un "juego de palabras". El hecho es que la "persecución" de la verdad es un arte de caza; uno le sigue la pista (*mṛg*, ιχνευω), apunta a ella, da en el blanco, y la *penetra*. Cf. *Jātaka*, 340, 341, *pacceka-bodhi-ñanam paṭivijjhi*, "él penetró la gnosis de un *Pacceka Buddha*", y *Vis.* 288, *lakkhana-paṭisamvedhena, li*, "por penetración del blanco", pero aquí "por penetración de las características" (de un estado de contemplación). En KB. XI. 5, *manasā preva vidhyet* es "con su mente, por decirlo así, que atraviese"; cf. MU. VI. 24, donde la mente es la punta de la flecha.

Se emplea un simbolismo análogo en *Visuddhi Magga*. I. 284, donde *sūcipāsavedhanam* es un "taladro de ojos de aguja" utilizado por el fabricante de agujas; la aguja representa el recuerdo (*sati* = *smṛti*) y el taladro la presciencia (*pañña* = *prajñā*) relacionada con él.

Oṁ es el arco, el Espíritu (*ātman*, el Sí)[40] la flecha,
[Brahma el blanco:
Es penetrable[41] por el hombre sobrio; hazte de
[una misma substancia
Con Eso (*tanmayo bhavet*), como la flecha.

Aquí se efectúa la ecuación familiar Âtman = Brahman. La penetración es de similar por similar; el sí espiritual representado por la flecha no es en modo alguno el ego empírico, sino la Deidad inmanente, el mismo sí en todos los seres: "A Él debería uno extraerlo de su pro-

Sobre *penetrabilia* y *penetralia* cf. Isodorus, *Diff.* I.435 (Migne, vol. 83, col. 54), *penetralia autem sunt domorum secreta, et dicta ab eo quod est penitus* (*penitus* es "dentro", y no hay que confundirlo con "penitente"): Mellifluus (*ca.* 540 dC), *ad regni superni penetrabilia non pervenit quisquam nisi egerit paenitentiam*; citado por R. J. Getty, "*Penetralia* and *penetrabilia* in Post-Classical Latin", *Amer. Journ. Phil.*, LVIII (1936), pp. 233-244. Cf. también Rūmī, *Mathnawī*, ed. R. A. Nicholson, I. 3503, "Como la punta de la lanza atraviesa el escudo".

[40] Cf. *Udāna* 9, *attanā vedi*, citado en la nota anterior. La condición para la entrada es que uno tome conciencia de que "'Eso' es la verdad", "Eso", el Espíritu (o Sí, el verdadero sí de todos los seres), "'Eso' eres tú" (CU. VI. 9.4; cf. JUB, III. 143 y mi artículo "The 'E' at Delphi", *Review of Religion*, V (1941), pp. 18-19 [*Selected Papers* I, pp. 43-45]).

[41] Cf. BG. VI. 54, *sakyo hy ahaṁ viddhah*, "Yo puedo, en verdad, ser penetrado (o conocido)".

pio cuerpo, como la flecha de la caña" (KU. VI. 17); o, en las palabras de la MU. VI. 28, debería "liberarlo" y "soltarlo" del cuerpo como una flecha desde el arco.

En MU. la expresión difiere ligeramente pero los significados siguen siendo esencialmente los mismos: hay obstáculos que atravesar antes de poder alcanzar el blanco. En MU. VI. 24: "El cuerpo es el arco, la flecha, OṀ, la mente es su punta, la oscuridad es el blanco (*lakṣyam*)[42]; y atravesando (*bhitvā*)[43] la oscuridad uno llega a lo que no está envuelto en la oscuridad, Brahma más allá de la oscuridad, del color del Sol (esto es, 'dorado'), lo que brilla más allá del Sol, en el Fuego y el Relámpago"[44]. En VI. 28 uno deja de lado, o vence (*atikramya*), a los objetos de los sentidos (*sensibilia*,

[42] No es aquí, naturalmente, el blanco final, sino el obstáculo.

[43] Como en MU. VI. 30, *sauram dvaram bhitvā*, "atravesando la puerta del Sol". Todo este simbolismo tiene un paralelo en el del techo; el monje experto, elevándose en el aire, atraviesa la placa del techo de la cúpula (*kaṇṇika-maṇḍalam bhinditvā*, *DhA*. III. 66, etc.); cf. mi artículo "Symbolism of the Dome", *Indian Hist. Quart.*, XIV (1938), Pt. iii [*Selected Papers* I, pp. 415-458].

[44] Tres formas de Agni. Brahma es "aquello que brilla en el relámpago" (*Kena Up*. 29).

αισθὴτα), y con el arco de la firmeza encordado con la vía del monje errante y con la flecha de la libertad-respecto-a-la-opinión-propia (*anabhinmānamayema caiveṣunā*) derriba (*nihatya*) al portero de la puerta de Brahma[45] —cuyo arco es la codicia, la cuerda del arco, la ira, y la flecha, el deseo— y llega a Brahma.

La penetración de obstáculos es una hazaña habitual; la hemos visto antes en la práctica turca, y en *Jātaka*, V. 131 Jotipāla atraviesa cien tablas unidas como una sola (*ekābaddham phalakasataṁ vinijjhitvā*). En *Visuddhi Magga*, 674, un arquero realiza la difícil hazaña de atravesar cien tablas (*phalakasataṁ.nibbijjhanam*) a una distancia de unos cincuenta metros; el arquero lleva los ojos vendados y está subido a una rueda giratoria (*cakka-yante aṭṭhāsi*); cuan-

[45] *Abhimāna*, arrogancia, es la ilusión del ego, la noción de que "yo soy" y "yo hago". Vencer al portero es abrirse paso, y es un equivalente del simbolismo del "ojo de la cerradura". En JUB. I.5 el disco del sol es el portero e impide pasar a los que esperan entrar por medio de sus buenas obras; pero no puede impedírselo a aquel que invoca la verdad, que es que sus actos no son "suyos", sino del mismo sol, a aquel que niega la noción de "yo hago", o que, como en JUB. III. 14.5, niega ser otro que el propio sol.; cf. Rūmī, *Mathnawī*, I. 3056-65, la puerta del mundo es una entrada para los sabios, y una barrera para los necios (CU. VIII. 6.5; cf. RV. IX. 113.8).

do gira de modo que queda frente a la diana, se le da la señal (*sañña*)[46] mediante el sonido de

[46] Sañña (*saṁjñā*) es también "conciencia"; A. II. 167 define cuatro niveles de conciencia, de los cuales el primero e inferior es la renuncia (*hāna*, repudiación, arrepentimiento), el segundo la adopción de una postura (*ṭhiti*), el tercero el trascender la dialéctica (*vitakka*), mientras que el más elevado implica la indiferencia (*nibbida*) y el cambio brusco (*virāga*) y es la naturaleza de la penetración (*nibbedha* = *nirvedha*). La postura (*ṭhiti*) corresponde a la postura experta del arquero; igual que el arquero con su habilidad, el monje es un "hombre de postura experta" (*thāna-kusalo*) por su conducta (*sīla*), un "tirador de larga distancia" por cuanto en todas las cosas fenoménicas reconoce que "eso no es mío, yo no soy eso, eso no es mi Sí", uno que "da en el blanco" por cuanto comprende el significado del "dolor" (*dukkham*) tal como realmente es, y "el que hiende una gran masa" por cuanto atraviesa el tronco de la ignorancia, *avijjā-khandham* (A. II. 171; cf. II. 202). M. I.82 compara al discípulo perfeccionado con un arquero instruido, experto y entregado (*dhanūggaho sikkhito katahattho katūpāsano*), que puede fácilmente, incluso con una flecha ligera, atravesar una palmera umbrosa (*tiriyaṁ tālacchāyam atipāteyya*). Las grandes hazañas de tiro con arco del Bodhisattva (con las que, como Arjuna y Rāma, obtiene una esposa) se describen en *Jātaka*, I. 58 (donde hay que entender que realizó todas aquellas hazañas que llevó a cabo Jotipāla en el *Sarabhanga Jātaka*) y en el *Lalita Vistara* (cap. XII), donde atraviesa cinco tambores de hierro, siete palmeras y "una figura de hierro de un jabalí, provista de un dispositivo (perforado)" (*yantra-yukta*, cf. *yantra-sahitam*, citado y explicado anteriormente del *Mbh.*) con una sola flecha que pasa a través de todas esas cosas y va a enterrase en la tierra detrás de ellas, y cuando la asamblea se maravilla, los Dioses explican (S. Lefmann, *Lalita Vistara*, Halle, 1902, p. 156, verso omitido en la traducción de P. E. Foucaux, París, 1884, de otra edición del texto) que

un golpe dado en la diana con un palo; y, guiado por el sonido, suelta la flecha y atraviesa todas las tablas. El arquero representa la "Gnosis de la Vïa" (*maggañāña*), mientras que la señal es la de la "Gnosis Adoptiva" (*gotrabhū-ñāna*) y se puede considerar un "recordatorio" del fin que hay que alcanzar; el atado de tablas significa los "troncos o agregados de la codicia, la animadversión y el error" (*lobhadosa-moha-kkhandhā*); la "intención" u "objetivo" (*ārammaṇa*) es Nibbana (*Nirvāṇa*)[47].

"los Buddhas anteriores, de la misma manera, con las flechas de la 'vacuidad' y la 'impersonalidad' (*śūnya-nairātma-bāṇaiḥ*) han golpeado al enemigo, la depravación, y han atravesado la red de las 'opiniones' (heréticas), con el propósito de alcanzar la Iluminación suprema"; cf. MU. VI. 28. El Buddha es, en efecto, "de penetración superlativa" (*ativijjha*) por su presciencia (*paññā*, S. I. 193, V. 226).

[47] Era innecesario para lo que pretende el texto explicar el simbolismo de la rueda giratoria, que debía de ser muy evidente para un público indio. Esta es evidentemente la "rueda del devenir" (*bhava-cakka*), "la rueda giratoria del torbellino del devenir" (*āvṛtta-cakram iva saṁsāra-cakram*, MU. VI. 29) y, como el "carro" y el "caballo", el vehículo físico en el que cabalga el espíritu; el arquero con los ojos vendados es el yo elemental encarnado y ciego (*bhūtātman*, esto es, *śarira ātman*, yo corporal), atrapado en la red, vencido por *karma*, lleno de muchas cosas y "llevado de un lado para otro" (*rat-hita*) MU. III. I-IV.4; el yo corporal (*kāyo = attā*, cf. *Dīgha-Nikāhya*. I. 77, *añño kāyo*), ciego, disperso por la red, lleno y "llevado de un lado para otro en el carro del karma" (*karma-yantita*), *Th*. I. 567 ss.

Se pueden citar de otras fuentes paralelos notables a los textos anteriores. Así, Shams-i-Tabrīz: "En todo instante hay, por decirlo así, una flecha en el arco del cuerpo: si se escapa del arco, da en el blanco"[48]. En una exclamación

La posición sobre una rueda móvil corresponde a la de Arjuna, que dispara desde un carro en movimiento, como se mencionó antes. Para el equivalente de una rueda giratoria y un carro se puede citar TS. I. 7.8 y SB. V. 1.5.1ss, donde el sumo sacerdote (*brahmā*) "monta en una rueda de carro" (*rathacakran... rohati*, TB. I. 3.6.1) y allí representa una carrera de carros. Esta rueda de carro se fija en la punta de un poste y se hace girar, y esto es exactamente a lo que se refiere *Vis.* como un *cakkayanta*: y puesto que un carro es esencialmente el "rayo" (*vajra*), como también lo son las flechas (véase TS. V. 4.11.2, VI. 1.3.4.5; SB. I. 2.4.1-6), la operación implica una "victoria sobre todas las Direcciones" (*Sāyaṇa* en TS. I. 7.8), como en el caso del lanzamiento de flechas hacia las Direcciones, antes mencionado. Para la ecuación carro = carne o yo corporal, bastarán KU. III. 3-9, *Jātaka*, VI. 252; cf. Platón, *Fedro*, 247. Del mismo modo, el cuerpo se puede comparar en el mismo contexto a un carro y a un torno de alfarero (*cakra*), MU. II. 6 (nótese el contraste de *cakra-vṛtta*, "hilado en la rueda", y *Cakravartin*, el "hilandero de la rueda"). Todas estas cosas, como el cuerpo mismo, son "motores" (*yantra*): ¡bien para aquel que, desde semejante tiovivo, puede dar en el blanco invisible!

Sobre el simbolismo general de las alas cf. RV. VI. 9,5, "La mente es la más rápida de las cosas que vuelan"; JUB. III. 13.10, donde el sonido de Oṁ sirve para el sacrificador de alas con las que puede alcanzar el mundo del cielo; PB. XIX. 11.8, XXV. 3-4; Platón, *Fedro*, 246-256; Dante, *Paradiso*, XXX. 49-51.

[48] *Dīwān*, T.1624 a, citado por R. A. Nicholson, *Dīwān of Shams-i-Tabrīz* (Cambridge, 1938), p. 336. Cf. "el blanco

que significa lo mismo, dice: "Vuela, vuela, oh pájaro, a tu tierra natal, pues has escapado de la jaula, y tus alas están desplegadas... Sal volando de este recinto, puesto que eres un pájaro del mundo espiritual"[49]; y, en efecto: "Como un pájaro el sacrificador llega al cielo"[50]. Su gran discípulo Rūmī dijo: "Sólo la flecha recta se pone en el arco, pero este arco (del yo) tiene las flechas dobladas hacia atrás y torcidas. Sé recto, como una flecha, y escapa del arco, pues sin ninguna duda toda flecha recta volará desde el arco (hasta su blanco)"[51].

Del mismo modo Dante[52]: "Ahora hacia allí (esto es, hacia el Eterno Valor como meta)[53], como a sitio decretado, nos lleva la virtud de aquella flecha que todo lo que dispara lo diri-

de la verdad, al que puedan apuntar correctamente" (*Homilies of Narsai*, XXII), y "si falla, peor para él, pero si acierta se hace como (el blanco)". TS. II. 4.5.6.

[49] *Ibíd.* Odas XXIX, XLIV.

[50] PB. V. 3.5; cf. TS. V. 4.11.1.

[51] *Mathnawī*, I. 1384, 1385, traducción de Nicholson.

[52] En *Voile d'Isis*, 1935, p. 203, se cita lo siguiente de un Ilahī de Yunīs Emre (fl. siglos XIII-XIV): "*Ta vie est comme une flèche sur un arc tendu à fond, puisque l'arc est tendu, pourquoi rester sans mouvement? Suppose donc que tu as lancé cette flèche*".

[53] *Paradiso*. I. 107.

ge a una meta feliz"[54]. Con "Oṁ es la flecha" se puede comparar *La nube del no saber* (cap. 38): "¿Por qué atraviesa el cielo, esta breve oración de una sílaba?", a lo que el mismo autor desconocido responde en la *Epistle of Discretion*: "Semejante disparo ciego con el afilado dardo del amor vehemente nunca puede fallar el blanco, que es Dios"[55].

En conclusión aludiré a la práctica del tiro con arco como "deporte" en el Japón actual, y utilizaré para ello el valioso libro compilado por el Sr. William Acker, discípulo norteamericano del Sr. Toshisuske Nasu, cuyo maestro, Ichikawa Kojurô Kiyomitsu, "había visto realmente usar el arco en la guerra, y murió en la casa de los arcos mientras tendía su arco a los ochenta años de edad". El libro[56] es una traducción de las instrucciones de Toshisuke Nasu, con un comentario añadido. Los fragmentos citados muestran qué poco tiene este "depor-

[54] *Ibíd.* 1. 124-127.

[55] Un "disparo a ciegas" no es, claro está, un disparo hecho al azar, sino a un blanco no visto.

[56] Nasu y Aka (Acker), *Toyô kyūdo Kikan* (Tokyo, 1937). Ahora sólo se puede obtener directamente del autor, Freer Gallery, Washington. No he visto la obra de Martin Filla, *Grundlagen und Wesen der altjapanesischen Sportkünste* (Würzburg-Aumühle).

te" el carácter de mero esparcimiento que la noción de deporte implica en las culturas laicas:

> "La postura es la base de todo lo demás en el tiro con arco. Cuando uno ocupa su lugar en el campo de tiro al blanco, debe desterrar de su mente todo pensamiento de otras personas, y sentir entonces que todo el asunto del tiro con arco le concierne únicamente a él... Cuando vuelve el rostro hacia el blanco, no se limita a mirarlo, sino que también se concentra en él... no hay que hacerlo solamente con los ojos, mecánicamente, por decirlo así: hay que aprender a hacer todo esto desde el vientre."

Y también:

> "*Dōzukuri* significa colocar el cuerpo firmemente sobre el soporte que ofrecen las piernas. Uno tiene que pensar que es como el Buddha Vairocana (esto es, el sol), calmado y sin miedo, y sentir como si estuviera, igual que él, en el centro del universo[57]."

[57] Todo esto implica una identificación del (verdadero) Sí de uno con el blanco, como en la *Muṇḍaka Up.*, citada más arriba (*tadbhāva-gatena cetasā... tamayo bhavet*). "Si no te haces igual a Dios, no puedes conocer a Dios; pues lo igual es conocido por lo igual" (Hermes Trismegisto, XI. ii. 20b).

En la preparación para disparar, se hace hincapié sobre todo en la relajación muscular y en un estado de calma que se alcanza mediante la respiración regular; exactamente igual que en los ejercicios contemplativos, en los que uno se prepara asimismo para una "liberación". Al apuntar (*mikomo*, de *miru*, ver, y *komu*, hacer presión) el arquero no mira simplemente al blanco, sino que "clava" o "introduce a la fuerza" en él su visión, anticipándose, por decirlo así, al fin que debe alcanzar la propia flecha. La respiración del arquero debe regularse para "concentrar la propia fuerza en la boca del abdomen —entonces uno puede decir que ha conseguido una comprensión verdadera del tiro con arco"[58]. En este énfasis en la importancia de la respiración profunda el factor "Zen" (Skr. *dhyāna*) es evidente, y en la importancia que se da al "espíritu" (*kī*, chino *chi*, Skr. *ātman, prāṇa*) en relación con lo mismo, lo es el factor taoísta. El Sr. Acker observó que todas estas artes y

[58] Cf. CU. I. 3.4.5, donde, como en la salmodia, "también en otros actos viriles como la producción de fuego por fricción, hacer una carrera o doblar un arco rígido, uno hace estas cosas sin aspirar ni exhalar", esto es, sin jadear, ni quedarse sin aliento, ni con excitación.

ejercicios japoneses se consideran "vías" (*mī-chī*, chino *tao*), es decir, disciplinas espirituales:

> "...se puede incluso decir que esto es especialmente así en el tiro con arco y en la esgrima, pues hay arqueros que le dirán que el hecho de que consiga dar en el blanco, o no, carece de la menor importancia, que lo importante es lo que uno obtiene espiritualmente del tiro con arco[59].
>
> La culminación del disparo está en el acto de soltar la flecha... la Posición, la Preparación, la Postura, el Levantar el Arco, el Tensarlo y el Sostenerlo, todas estas son sólo actividades preparatorias. Todo depende de una liberación de la flecha no intencionada, involuntaria, efectuada mediante una unificación de toda la actitud de disparar... el estado en que la liberación tiene lugar por sí sola, cuando la respiración del arquero parece tener el poder místico de la sílaba Oṁ...

[59] Esto quiere decir que el dar en el blanco de hecho debe ser resultado del estado de espíritu del arquero; una prueba, más que la causa de su condición espiritual. "Lo que debe preocuparte es sólo la acción (que sea 'correcta'), nunca sus resultados: ni dejes que los resultados de la acción sean tu motivo, ni te abstengas de actuar" (BG. II. 47).

En ese momento la postura del arquero está en perfecto orden, como si no fuera consciente de que la flecha ha partido... se dice que semejante disparo deja una resonancia persistente —la flecha se mueve tan suavemente como un soplo, y realmente casi parece ser una cosa viva.... Hasta el último momento uno no debe titubear ni en el cuerpo ni en la mente... (Así) el tiro con arco japonés es más que un deporte en el sentido occidental de la palabra; pertenece al Bushido, la Vía del Guerrero. Además, las Siete Vías se basan en principios espontáneos y no en el mero razonamiento—

> Habiendo tensado suficientemente,
> No 'tires' ya de él, sino 'condúcelo'
> 'Quieto sin agarrarlo'.
> El arco nunca debe saber
> Cuando ha de partir la flecha."

La liberación propiamente dicha de la flecha, como la del contemplativo, cuyo paso de *dhyāna* a *samādhi*, de *contemplatio* a *raptus*, tiene lugar, en efecto, súbitamente, pero casi por sorpresa, es espontánea, y por decirlo así sin causa. Si todas las preparaciones se han hecho correctamente, la flecha, como un pájaro que vuelve al hogar, encontrará su meta; exactamente como el hombre que, cuando parte de este mundo "todo en acto" (*kṛtakṛtya, kataṁ karanī-yam*), habiendo hecho lo que había que hacer, no necesita preguntarse qué será de él ni a dónde se dirige, sino que inevitablemente encontrará el ojo de buey y, pasando a través de esa puerta del sol, entrará en el empíreo de más allá del "muro" del cielo.

Así se puede ver que en una sociedad tradicional toda actividad necesaria puede ser también la Vía, y que en tal sociedad no hay nada profano; condición que es la contraria de la que se ve en las sociedades laicas, en las que no hay nada sagrado. Vemos que incluso un "deporte" puede ser también un yoga, y que la vida activa y la vida contemplativa, el hombre exterior y el hombre interior, se pueden unificar en un único acto del ser en el que ambos "yo" cooperan.

ABREVIATURAS

A.	*Aṇguttara Nikāya*
AĀ.	*Aitareya Āraṇyaka*
AB.	*Aitareya Brāhmana*
AV.	*Atharva Veda Samhitā*
BD.	*Bṛhād Devatā*
BG.	*Bhagavad Gītā*
BS.	*Brahma Sūtra*
BU.	*Bṛhadāraṇyaka Upaniṣad*
CU.	*Chāndogya Upaniṣad*
DhA.	*Dhammapada Attakathā*
JUB.	*Jaiminīya Upaniṣad Brāhmana*
KU.	*Katha Upaniṣad*
KB.	*Kauṣītaki Brāhmana*
M.	*Majjhima Nikāya*
Mil.	*Milanda Pañho*
Mbh.	*Mahābhārata*
MU.	*Maitri Upaniṣad*
Mund.	*Muṇḍaka Upaniṣad*

PB.	*Pañcavimsa Brahmana*
PTS.	*Pali Text Society*
RV.	*Ṛg Veda*
S.	*Sāṃyutta Nikāya*
ŚB.	*Śatapatha Brāhmana*
TB.	*Taittirīya Brāhmana*

Del mismo editor:

SOPHIA PERENNIS

Cuadernos de estudios tradicionales

1-4. *Frithjof Schuon (1907 - 1998). Notas biográficas, estudios, homenajes.* Textos de M. Lings, S. H. Nasr, W. N. Perry, W. Stoddart, J. Hani, J. L. Michon, T. Yellowtail, H. Smith, H. Oldmeadow, S. Ramdas, M. O. Fitzgerald...

5. Textos de F. Schuon, T. Lindbom, M. Clermont, D. Dakake, P. Laude, M. Lings y Sri Ramana Maharshi. Entrevista de G. Henry con W. N. Perry.

6. Textos de S. H. Nasr, P. Laude, M. Perry, K. Oldmeadow, J. Larking, W. Stoddart y M. O. Fitzgerald.

SOPHIA PERENNIS

1. Frithjof Schuon, *Tras las huellas de la religión perenne.*
2. Titus Burckhardt, *Clave espiritual de la astrología musulmana según Muhyu-dîn Ibn Arabî.*
3. Titus Burckhardt, *Símbolos.*
5. Jean Hani, *El simbolismo del templo cristiano.*
6. Frithjof Schuon, *Castas y razas,* seguido de *Principios y criterios del arte universal.*
7. A. K. Coomaraswamy, *Sobre la doctrina tradicional del arte.*
10. Khempo Tsultrim Gyamtso, *Meditación sobre la vacuidad.*
13. *Cantos pieles rojas.*
15. Bernard Dubant, *Sitting Bull. Toro Sentado. «El último indio».*
16. René Guénon, *La metafísica oriental.*
17. *El jardín simbólico.* Texto griego extraído del Clarkianus XI.
19. Pierre Ponsoye, *El Islam y el Grial.*
21. Whitall N. Perry, *Gurdjieff a la luz de la tradición.*
22. Leo Schaya, *La doctrina sufí de la unidad.*
24. Abanindranath Tagore, *El Alpona.*
26. Abanindra Nath Tagore, *Arte y anatomía hindú.*

27. Clément Huart, *Calígrafos del oriente musulmán.*
30. Frithjof Schuon, *Comprender el Islam.*
31. René Guénon, René Allar, Elie Lebasquais, Kshêmarâja y Jayarata, Shankarâchârya, *La tradición hindú.*
34. Titus Burckhardt, *El arte del Islam. Lenguaje y significado.*
36. Shaykh al-Arabî ad-Dârqawî, *Cartas de un maestro sufí.*
38. Frédéric Portal, *El simbolismo de los colores.*
40. Frithjof Schuon, *Las perlas del peregrino.*
41. *El Zohar. Revelaciones del «Libro del Esplendor».*
42. Frithjof Schuon, *El sol emplumado.*
43. Valmiki, *El mundo está en el alma.*
44. L. Charbonneau-Lassay, *El bestiario de Cristo.* Vol. I.
45. L. Charbonneau-Lassay, *El bestiario de Cristo.* Vol. II.
46. Julius Evola, *El misterio del Grial.*
47. Julius Evola, *Metafísica del sexo.*
48. Jean Hani, *La Virgen Negra y el misterio de María.*
49. S.S. el Dalai Lama, *El mundo del budismo tibetano.*
50. Jean Hani, *La realeza sagrada. Del faraón al cristianísimo rey.*
51. Hari Prasad Shastri, *Ecos del Japón.*
52. Jean-Louis Michon, *Luces del Islam.*
53. Frithjof Schuon, *Forma y substancia en las religiones.*
54. Titus Burckhardt, *Ensayos sobre el conocimiento sagrado.*
55. Titus Burckhardt, *Espejo del intelecto.*
56. Jean Hani, *Mitos, ritos y símbolos. Los caminos hacia lo invisible.*
57. Titus Burckhardt, *Principios y Métodos del Arte Sagrado.*
58. M. O. Fitzgerald, *Yellowtail (Cola Amarilla).*
59. Frithjof Schuon, *Meditación primordial.*
60. Frithjof Schuon, *Artículos varios.*
61. Frithjof Schuon, *Sobre René Guénon.*
67. Frithjof Schuon, *Resumen de metafísica integral.*
68. Frithjof Schuon, *De lo divino a lo humano.*
69. Frithjof Schuon, *Aproximaciones al fenómeno religioso.*
70. Frithjof Schuon, *Lógica y transcendencia.*
71. Frithjof Schuon, *Perspectivas espirituales y hechos humanos.*
72. Frithjof Schuon, *Las estaciones de la sabiduría.*
73. Frithjof Schuon, *Imágenes del espíritu: Shinto, Budismo, Yoga.*
74. Frithjof Schuon, *Tener un Centro.*

75. F. Schuon, *Cristianismo-Islam: Visiones de ecumenismo esotérico.*
76. Frithjof Schuon, *Raíces de la condición humana.*
77. Frithjof Schuon, *El sufismo: velo y quintaesencia.*
78. Frithjof Schuon, *El Ojo del Corazón.*
79. Frithjof Schuon, *Senderos de gnosis.*
80. Frithjof Schuon, *La transfiguración del hombre.*
81. Frithjof Schuon, *El juego de las máscaras.*
82. Frithjof Schuon, *Miradas a los mundos antiguos.*
83. Frithjof Schuon, *De la unidad transcendente de las religiones.*
84. Frithjof Schuon, *El esoterismo como principio y como vía.*
85. M. Lings, *Un santo sufí del siglo XX. El Šayj Ahmad Al-'Alawî.*
86. René Guénon, *Oriente y Occidente.*
87. Martin Lings, *El libro de la certeza.*
88. Martin Lings, *Creencias antiguas y supersticiones modernas.*
89. M. Lings, *Símbolo y arquetipo. Estudio del significado de la existencia.*
91. *Sé lo que eres. Las enseñanzas de Sri Ramana Maharshi.*
92. Martin Lings, *¿Qué es el sufismo?*
93. Bithika Mukerji, *Vida y enseñanzas de Sri Ma Anandamayí.*
94. William Stoddart, *El budismo.*
95. William Stoddart, *El hinduismo.*
96. William Stoddart, *El sufismo.*
98. René Guénon, *Los estados múltiples del ser.*
100. Whitall N. Perry, *Tesoro de sabiduría tradicional.*
102. Frithjof Schuon, *Adastra - Stella Maris.*
120. R. Lannoy, *Anandamayí. Su vida, su sabiduría.*
135. René Guénon, *El simbolismo de la cruz.*

LOS PEQUEÑOS LIBROS DE LA SABIDURÍA

(Esta colección se ofrece también en lengua catalana)

1. Michel Gardère, *Rituales cátaros.*
2. *Mujeres místicas (Época medieval).* Antología de T. Gosset.
3. *La sabiduría del indio americano.* Antología de J. Bruchac.
4. Sogyal Rinpoché, *Meditación.*
5. Laurence E. Fritsch, *El pequeño libro de los días.*
6. Mario Mercier, *La ternura.*

7. Swâmi Râmdâs, *Pensamientos.*
8. Tobias Palmer, *Un ángel tras de mí.*
9. *Cantos de amor del antiguo Egipto.*
10. Jean Markale, *Las tres espirales.*
11. Arnaud Desjardins, *Zen y Vedanta.*
12. Rabí Nachman de Breslau, *La silla vacía.*
13. Lao Tse, *Tao Te King.*
14. Omar Khayyâm, *Rubaiyat.*
15. Epicteto, *Un manual de vida.*
16. Denise Desjardins, *Breve tratado de la emoción.*
17. Jean Giono, *El hombre que plantaba árboles.*
18. *Mujeres místicas (Siglos XV-XVIII).* Antología de T. Gosset.
19. Charlotte Joko Beck, *Zen ahora.*
20. *Madre tierra, padre cielo. Los indios de Norteamérica.* E.S. Curtis.
21. S.S. el Dalai Lama, *Los beneficios del altruismo.*
22. *El espíritu romántico.*
23. Gérard Edde, *Manual de las plantas medicinales.*
24. Gilles Brochard, *Pequeño tratado del té.*
25. Mariama Hima, *Sabiduría africana.*
26. Rûmî, *El canto del sol.*
27. *Mediterránea. El paisaje de Homero.* Edición de C. Garrido.
28. K. G. Durckheim, *Camino de vida.*
29. H. D. Thoreau, *Pasear.*
30. Madre Teresa, *En el corazón del mundo.*
31. *Himnos a la diosa.* Traducidos por A. y E. Avalon.
32. Frithjof Schuon. *Amor y vida.*
33. Laurence Fritsch-Griffon. *La invitación a las estrellas.*
34. Gérard Edde. *Feng Shui. Armonía de los lugares.*
35. Sun Tzu, *El arte de la guerra.*
36. Baltasar Gracián, *Arte de prudencia.*
37. Théodore Monod, *Peregrino del desierto.*
38. Rabindranath Tagore, *Del alba al crepúsculo.*
39. Okakura Kakuzo, *El libro del té.*
40. E. T. Seton y J. M. Seton, *La tradición del indio norteamericano.*
41. Maïna Kataki, *Palabras de Lal Ded.*
42. *Bhagavad Gîtâ. Cantar del Glorioso Señor.*
43. H. Brunel, *Pequeño libro de la sabiduría monástica.*

44. Ananda K. Coomaraswamy, *Vida y leyendas de Buddha.*
45. Anónimo, *Relatos de un peregrino ruso.*
46. Khalil Gibran, *El Profeta.*
47. Khalil Gibran, *El jardín del Profeta.*
48. Khalil Gibran, *El Loco. Sus parábolas y poemas.*
49. Khalil Gibran, *Arena y espuma.*
50. E. W. Count - A. L. Count, *Historia de la Navidad.*
51. Anónimo, *El peregrino ruso. Tres nuevos relatos.*
52. F. L. de la Resurrección, *La experiencia de la presencia de Dios.*
53. Nelly Grosjean, *Aromaterapia, naturalmente.*
54. *Himno a la Tierra. Prthivisūkta.*
55. *Mujeres místicas (ss. XIX-XX).* Antología de Thierry Gosset.
56. Kabir, *Poemas breves.*
57. Baltasar Gracián, *El héroe.*
58. Rabí Nachman de Breslau, *La dulce arma.*
59. Shaykh Al-Sulamî, *Las enfermedades del alma y sus remedios.*
60. *Todo es uno,* Texto tamil sobre el Advaita Vedânta.
61. Khalil Gibran, *El vagabundo, sus parábolas y sus dichos.*
62. San Serafín de Sarov, *Conversación con Motovilov.*
63. Miyamoto Musashi, *Tratado de las cinco ruedas.*
64. S. Juan de la Cruz, *Cántico espiritual y otros poemas.*
65. *Libro de los salmos.*
66. Jayadeva, *Gîta Govinda.*
67. Frithjof Schuon, *Meditaciones de viaje.*
68. *Cantar de los cantares.*
69. Lilian Staveley, *La fontana de oro.*
70. Inazo Nitobe, *El Bushido. El alma del Japón.*
71. *El Dhammapada. La sabiduría de Buddha.*
72. Henry David Thoreau, *Libro de citas.*
73. *Himnos Órficos.*
74. *Libro de Job.*
75. Maestro Eckhart, *El libro del consuelo divino.*
76. Francisco de Asís, *El cántico de las criaturas y otros textos.*
77. L.E. Fritsch, *El pequeño libro de las noches.*
78. M. Gandhi, *El alimento del alma.*
79. *La sabiduría del Talmud.*
80. Ch. A. Eastman (Ohiyesa), *El alma del indio.*

81. Cicerón, *Sobre la amistad.*
82. J. E. Brown, *El legado espiritual del indio americano.*
83. *Dichos del Profeta (Los cuarenta Hadices).*
84. Confucio, *Las Analectas.*
85. *Cuando la hierba es verde. El niño indio.*
86. B. Lahiry, *La búsqueda de la verdad.*
87. *Himno Akátistos de la Madre de Dios.*
88. *El Apocalipsis.*
89. Séneca, *Cartas a Lucilio.*
90. *Ashtâvakra Gîta.*
91. Lie Tse, *Tratado del vacío perfecto.*
92. Angelus Silesius, *Peregrino Querubínico.*
93. Jefe Casaca Roja, *Hermano, el Gran Espíritu nos ha creado a todos.*
94. *Serás como la Madre Tierra. La mujer india.*
95. *Apotegmas de los Padres del desierto.*
96. *Mis palabras son como estrellas.* J. Seattle, J. Joseph y J. Casaca Roja.
97. Mahâtma Dattâtreya, *Avadhût Gîtâ.*
98. Jefe Seattle, *Nosotros somos una parte de la tierra.*
99. Teresa del Niño Jesús, *Historia de un alma.*
100. Muhyiddîn Ibn Al-'Arabî, *Poemas sufíes.*
101. Eul Sou Youn, *Confucio. Vida, obra y doctrina.*
102. Rabindranath Tagore, *Gitanjali.*
103. Marco Aurelio, *Meditaciones.*
104. Saadi, *El jardín de rosas (Gulistán).* Edición de R. Burton.
105. *El tratado de la Unidad* (atribuido a Ibn 'Arabî).
106. Yamamoto Tsunetomo, *Hagakure. El libro del Samurai.*
107. Beatriz de Nazaret, *Los siete modos de amor.*
108. *Versos áureos de Pitágoras y otros fragmentos pitagóricos.*
109. J.-M. Tresflin, *De solo a solo en el Nombre. Diario Espiritual.*
110. *Los diálogos de Chuang Tse.*
111. *Upanishads. Isa, Katha, Kena.*
112. Jacqueline Kelen, *Ofrenda a María Magdalena.*
113. Guru Nának, *Japji. Poemario Espiritual.*
114. *Yi King. Libro de las mutaciones.*
115. Anónimo inglés del s. XIV. *La nube del no saber.*
116. Al-Ghazâlî, *Carta al discípulo.*

117. Al-Hallaj, *Diván.*
118. Jefe Joseph, *Éramos como el ciervo.*
119. *El sagrado aroma del mundo. El indio y la naturaleza.*
120. Sri Ramakrishna, *Dichos y sentencias.*
121. Julius Evola, *Metafísica de la guerra.*
122. *El Zohar.* Revelaciones del *Libro del Esplendor.*
123. Râbi'a al-'Adawiyya, *Dichos y canciones de una mística sufí.*
124. Raimon Arola y Luisa Vert, *Pequeñas alegrías.*
125. *Apotegmas de las Madres del desierto.*
126. Erutacchan, *Hari Nama Kirtanam. Canto en alabanza del Nombre de Hari.*
127. Jacob Boehme, *Sobre la vida espiritual. Diálogo de un maestro con su discípulo.*
128. H. Trismegisto, *Tres Tratados. Poimandres - La llave - Asclepios.*
129. Abû Hâmid al-Ghazâlî, *La perla preciosa (Al-Durra al-Fâkhira).*

* *Mujeres místicas.* (Estuche con los tomos 2, 18 y 55).
** *La poesía visionaria de Khalil Gibran.* (Estuche con los tomos 46, 47, 48 , 49 y 61).
*** *Sabidurías de Oriente.* (Estuche con los tomos 13, 42 y 71).
**** *El universo espiritual de la India.* (Estuche con los tomos 7, 31, 41, 54, 60 y 66).
***** *Estrategias del triunfo.* (Estuche con los tomos 35, 36 y 63).

LA MANO AMIGA

1. C. Rambert, *Pequeña sabiduría matinal.*
365 pensamientos positivos para ser feliz todos los días.
2. C. Rambert, *Pequeña sabiduría vespertina.*
365 pensamientos positivos para meditar al anochecer.

MANDALA

1. El Dalai Lama, D. Goleman, H. Benson, R. A. F. Thurman, H. E. Gardner. *CienciaMente. Un diálogo entre Oriente y Occidente.*
2. *El sueño, los sueños y la muerte. Exploración de la conciencia con S.S. el Dalai Lama.*

3. S.S. el Dalai Lama, Tenzin Gyatso, *El camino del gozo.*
4. Peter Matthiessen, *El río del Dragón de Nueve Cabezas.*
5. *Madre del Tíbet.* Autobiografía de J. Pema, hermana de S. S. el Dalai Lama.
6. A. Fire Lame Deer, R. Erdoes, *El don del poder.*
7. Richard Erdoes, *Implorando un sueño.*
8. *La voz de los pueblos indígenas. Los indígenas toman la palabra en las Naciones Unidas.*
9. Jerry Mander, *En ausencia de lo sagrado.*
10. H. L. Coulter, *Ciencia homeopática y medicina moderna.*
12. Whitall N. Perry, *La alquimia en la homeopatía.*
13. P. Matthiessen, *En el espíritu de Caballo Loco.*
14. R. Arola, *La cábala y la alquimia en la tradición espiritual de Occidente, s. XV-XVII.*
16. J. E. Brown, *Animales del Alma.*
17. J. A. Antón Pacheco, S. Boix, P. González, A. López, S. H. Nasr, J. Pigem, D. Romero, C. A. Segovia, E. Silverio, *La Naturaleza y el Espíritu.*
18. *Bardo Thodol. El libro tibetano de los muertos.*
19. *El libro de los muertos de los antiguos egipcios.*
20. Ch. Maillard y O. Pujol, *Rasa. El placer estético en la tradición india.*
21. Dominique Poirot, *Juan de la Cruz y la unión con Dios.*
22. Isabelle Robinet, *Lao zi y el tao.*
23. Alain de Libera, *Eckhart, Suso, Tauler y la divinización del hombre.*
24. Jacques Brosse, *Los maestros zen.*
25. Jean-Joël Duhot, *Epicteto y la sabiduría estoica.*
26. André Ravier s.j., *Ignacio de Loyola y el arte de la decisión.*
27. *Tratado de Bodhidharma.*
30. J. A. Antón, S. Boix, A. Gonzalo, V. Haya , A. López, J. M. Velasco, A. Pániker, D. Romero, C. A. Segovia, A. Vega, *El Conocimiento y la Experiencia Espiritual.*

EL BARQUERO

1. Cécile Guérard, *Pequeña filosofía para tiempos variables.*
2. S. Bachir Diagne, *100 palabras para explicar el Islam.*
3. H. D. Thoreau, *La desobediencia civil.*
4. D. Desjardins, *Pequeño tratado de la acción.*

5. Érik Sablé, *La sabiduría de los pájaros.*
6. Henri Brunel, *Pequeño tratado de la felicidad.*
8. M. Ávila, *Una mirada a la amistad.*
11. J. Fernández Moratiel, *La posada del silencio.*
14. Leyla Hanim, *El harén imperial y las sultanas en el siglo XIX.*
15. H. Walpole, *Ensayo sobre la jardinería moderna.*
16. *La enseñanza de los árboles.*
17. Th. Monod, *Paz para el ratoncito.*
18. H. Brunel, *Los más bellos cuentos Zen.* I. Seguido de *El arte de los haikus.*
19. H. Brunel, *La grulla cenicienta. Los más bellos cuentos Zen.* II.
20. H. Brunel, *La felicidad Zen. Los más bellos cuentos Zen.* III.
23. Marah Ellis Ryan, *Cartas de amor de un joven indio.*
25. J. Kelen, *El deseo, o el ardor del corazón.*
28. J.-C. Mardrus, *La reina de Saba.*
31. J. Giono, *El hombre que plantaba árboles.*
35. R. Chenu, *El desierto.*
36. F. Obringer, *Fengshui. El arte de habitar la tierra.*
39. S. Kaizuka, *Vida y pensamiento de Confucio.*
40. H. Brunel, *Humor Zen.*
43. S. S. el Dalai Lama, *Palabras de Sabiduría.*
44. H. Brunel, *El Año Zen.*
54. K. Gibran, *Jesús, hijo del hombre.*
55. Agustín López Tobajas, *Manifiesto contra el progreso.*
57. J. Pierre y R. Cartier, *Pierre Rabhi. El canto de la Tierra.*
58. *El pequeño libro de los cuentos zen.* Adaptado por G. Edde.
59. Régis Boyer, *La vida cotidiana de los vikingos (800-1050).*
60. A. Macnab, *España bajo la media luna.*
61. E. A. Wallis Budge, *La magia egipcia.*
62. E. A. Wallis Budge, *Ideas de los egipcios sobre el más allá.*
63. Jean Markale, *El amor cortés o la pareja infernal.*
64. *La aldea y la ciudad.*
65. Porfirio, *Carta a Marcela.*
66. Plotino, *Sobre la belleza.*
67. E. Ingersoll, *El libro de los dragones.*
68. Plutarco, *Isis y Osiris.*
69. Príncipe Ilango Adigal, *La ajorca de oro (Shilappadikaram).*

70. Pierre Noël de la Houssaye, *La aparición de Arsínoe.*
71. H. Carter y A. C. Mace, *El descubrimiento de la tumba de Tutankhamón.*

MEDIEVALIA

1. Régine Pernoud, *Para acabar con la Edad Media.*
3. Claude Lecouteux, *Enanos y Elfos en la Edad Media.*
4. G. Llompart, *La pintura gótica en Mallorca.*
5. R. d'Anjou, *El libro del corazón de amor prendido.*
6. C. Lecouteux, *Hadas, brujas y hombres lobo en la Edad Media.*
7. Claude Lecouteux, *Fantasmas y aparecidos en la Edad Media.*
8. C. Lecouteux, *Demonios y genios comarcales en la Edad Media.*
9. *Cartas de Abelardo y Heloísa. Historia Calamitatvm.*
10. Titus Burckhardt, *Chartres y el nacimiento de la Catedral.*
11. René Nelli, *Trovadores y troveros.*
13. M. Cazenave, D. Poirion, A. Strubel, M. Zink, *El arte de amar en la Edad Media.*
14. Titus Burckhardt, *Siena, ciudad de la Virgen.*
16. Régine Pernoud, *Cristina de Pizán.*
17. *Speculum al joder. Tratado de recetas y consejos sobre el coito.*
18. *Evangelios de las ruecas.*
19. Jean Markale, *Lanzarote y la caballería artúrica.*
20. *Las horas de Hastings.*
21. Nigel Wilkins, *Nicolas Flamel.*
22. *Flores del tesoro de la belleza. Tratado de muchas medicinas o curiosidades de las mujeres.*
24. René Nelli, *Los cátaros del Languedoc en el siglo XIII.*
25. A. K. Coomaraswamy, *Teoría medieval de la belleza.*
26. *Cuarenta y cinco cantigas del Códice Rico de Alfonso el Sabio.*
27. Jean Markale, *El cristianismo celta.*
28. Marco Polo, *Libro de las cosas maravillosas.*
29. Hadewijch de Amberes, *Visiones.*

* Jaume III, *Leyes Palatinas.* Introducciones de G. Llompart, L. Pérez y M. Durliat.

TERRA INCOGNITA

1. Peter Matthiessen, *El árbol en que nació el hombre.*
2. Charles de Foucauld, *Viaje a Marruecos.*
3. F. Bruce Lamb, *Un brujo del Alto Amazonas.*
4. M. Schwob, *Viaje a Samoa.*
5. T. Monod, *Camelladas. Exploraciones por el verdadero Sáhara.*
6. L. A. Bougainville, *Viaje a Tahití.*
7. Titus Burckhardt, *Fez, ciudad del Islam.*
10. Peter Matthiessen, *Al pie de la montaña.*
12. Capitán James Cook, *Los tres viajes alrededor del mundo.*
16. F. Bruce Lamb, *Río Tigre y más allá.*
17. George Catlin, *Vida entre los indios.*
19. Pierre Loti, *Peregrino de Angkor.*
20. Pierre Loti, *La India (sin los ingleses).*
22. Pierre Loti, *Supremas visiones de Oriente.*
23. Pierre Loti, *El casamiento de Loti.*
25. I. Eberhardt, *Hacia los horizontes azules.*
26. Pierre Loti, *Pagodas de oro.*
27. Alí Bey (Domingo Badía), *Viajes.*
35. Victor Segalen, *Viaje al país de lo real.*
36. Luis Fernández Ripoll, *Los viajes de Rubén Darío a Mallorca.*
37. Eugène Flandin, *Constantinopla y el Bósforo.*
38. Ch. A. Eastman (Ohiyesa), *La vida en los bosques.*
40. A. David-Neel, *En el corazón del Himalaya.*
41. L. Standing Bear, *La Tierra del Águila Moteada.*
46. B. Hungry Wolf, *La vida de la mujer piel roja.*
47. A. y B. Hungry Wolf, *Los hijos del sol.*
49. Autores varios, *Gerónimo.*
50. F. Tristán, *Peregrinaciones de una paria.*
54. Ch. A. Eastman (Ohiyesa), *Grandes jefes indios.*
55. F. Waters, *Héroes indios en el recuerdo.*
56. G.L. Wilson, *Wahini. La vida de una joven india.*
57. E. S. Curtis, *Kukúsim. Vida e iniciación de un joven indio.*
60. E. S. Curtis, *En la tierra de los cazadores de cabezas.*
61. Ch. A. Eastman, *Indios de antaño.*
77. E. K. Flagler, *Defensores de la madre tierra.*

81. M. Sandoz, *Así eran los siux.*
86. P. Gauguin-Ch. Morice, *Noa Noa. La isla feliz.*
89. A. Enterría, *La India por dentro.*

ALEJANDRÍA

1. Jean Markale, *Pequeño diccionario de mitología céltica.*
3. Katharine Briggs, *Diccionario de las hadas.*
4. Isabelle Franco, *Pequeño diccionario de mitología egipcia.*
5. O. Marliave, *Pequeño diccionario de mitología vasca y pirenaica.*
6. Claude Lecouteux, *Pequeño diccionario de mitología germánica.*
7. Massimo Izzi, *Diccionario ilustrado de los monstruos. Ángeles, diablos, ogros, dragones, sirenas y otras criaturas del imaginario.*
8. N. Arrowsmith y G. Moorse, *Guía de campo de las hadas y demás elfos.*
9. K. Briggs, *Quién es quién en el mundo mágico. Hadas, duendes y otras criaturas sobrenaturales.*
10. R. Nelli, *Diccionario del catarismo y las herejías meridionales.*
11. Rufus C. Camphausen, *Diccionario de la sexualidad sagrada.*
13. A. de Gubernatis, *Mitología zoológica I. Las leyendas animales. Los animales de la tierra.*
14. A. de Gubernatis, *Mitología zoológica II. Las leyendas animales. Los animales del aire.*
15. A. de Gubernatis, *Mitología zoológica III. Las leyendas animales. Los animales del agua.*
16. A. de Gubernatis, *Mitología de las plantas I. Leyendas del reino vegetal. Botánica general.*
17. A. de Gubernatis, *Mitología de las plantas II. Leyendas del reino vegetal. Botánica especial.*
18. Odell Shepard, *El unicornio.*

MORGANA

1. Édouard Brasey, *Hadas y elfos.*
2. Édouard Brasey, *Enanos y gnomos.*
3. Édouard Brasey, *Sirenas y ondinas.*
4. Édouard Brasey, *Gigantes y dragones.*
5. Édouard Brasey, *Brujas y demonios.*

* Édouard Brasey, *El universo feérico.*
(estuche que contiene los tomos 1, 2, 3, 4 y 5)

(Serie mayor)

1. Sara Boix Llaveria, *Elfos y hadas en la literatura y el arte. Los Espíritus Elementales del Aire.*

Érase una vez...
BIBLIOTECA DE CUENTOS MARAVILLOSOS

7. J. Jacobs, *Cuentos de hadas célticos.*
14. *Cuentos budistas. (Veinte cuentos Jâtaka).*
22. *Cuentos populares tibetanos.*
27. Eva de Vitray Meyerovitch. *75 cuentos sufíes.*
42. Tchicaya U Tam'si, *Leyendas africanas.*
55. *Calila y Dimna.*
94. *Cuentos, leyendas y fábulas de la India.*
123. *Historias de amor de la India.*
125. Dandin, *Historia de diez príncipes (Dasha Kumara Charita).*
127. J. R. Pottier, *Leyendas tuareg.*
128. *Cuentos tradicionales de Benarés.*
145. W. M. Flinders Petrie, *Cuentos egipcios.*
157. *Los Mil y un días. Cuentos persas, indios, turcos y chinos.*
158. W. B. Yeats, *Leyendas y folklore irlandeses.*
162. M. A. Murray, *Leyendas del antiguo Egipto.*
163. *Cuentos populares del valle del Nilo.*
164. *Cuentos populares de África.*

LA PIPA SAGRADA

I. Edward S. Curtis, *El indio norteamericano.*
1. *Los beduinos de América. Apaches, Jicarillas, Navajos.*
2. *Entre el desierto y el Gran Cañón. Pimas, Papagos, Qahátikas...*
3. *El pueblo del águila. Sioux Tetons, Yanktonais, Assiniboins.*
4. *Los guerreros de la danza del sol. Apsárokes o Cuervos, Hidatsas.*
5. *Las tortugas sagradas. Mandan, Arikaras, Atsinas.*

6. *Cazadores de la pradera. Pigan, Cheyenes, Arápahos.*
7. *Tipis en la montaña. Yakimas, Klickitats, Kutenais.*
8. *Guerreros de antaño. Nez Percés, Wallawallas...*
9. *Los pueblos de las canoas. Chimakum, Quilliutes, Willapas.*
10. *Chamanes y deidades. Kwakiutl.*
11. *Los arponeros de Nootka. Nootkas, Haidas.*
12. *La danza de las serpientes. Hopis.*
13. *El coyote y el castor. Hupas, Yuroks, Karoks, Wiyots, Tolowas...*
14. *Cabañas de tule. Katos, Wáilakis, Yukis, Pomos, Wintun...*
15. *Misiones de California. Luiseños, Cajuillas, Diegueños...*
16. *Imploración de la lluvia en Río Grande. Tiwas, Keres.*
17. *Danzantes y sociedades secretas. Tewas, Nambés, Zuñis.*
18. *En los bosques y llanuras del Canadá. Chipewyan...*
19. *Las flechas sagradas. Indios de Oklahoma, Cheyenes...*
20. *En kayak entre los hielos. Esquimales de Alaska.*
21. *El espíritu de la llanura y el desierto. (Suplemento a los Vols. 1-5).*
24. *Hielos, bosques y desiertos. (Suplemento a los Vols. 16-20).*
25. *Los indios de Norteamérica.* G. Catlin.